劳动课这样上

——22个中小学劳动课程典型案例

张纪元　孔　伟◎编著

中国言实出版社

图书在版编目(CIP)数据

劳动课这样上：22个中小学劳动课程典型案例 / 张纪元，孔伟编著. -- 北京：中国言实出版社，2024.12. -- ISBN 978-7-5171-5041-1

Ⅰ. G633.932

中国国家版本馆CIP数据核字第2025BJ9020号

劳动课这样上 —— 22个中小学劳动课程典型案例

责任编辑：朱　悦
责任校对：张　朕

出版发行：中国言实出版社
　　　　地　址：北京市朝阳区北苑路180号加利大厦5号楼105室
　　　　邮　编：100101
　　　　编辑部：北京市海淀区花园北路35号院9号楼302室
　　　　邮　编：100083
　　　　电　话：010-64924853（总编室）　010-64924716（发行部）
　　　　网　址：www.zgyscbs.cn　　电子邮箱：zgyscbs@263.net

经　　销：新华书店
印　　刷：北京虎彩文化传播有限公司
版　　次：2024年12月第1版　　2024年12月第1次印刷
规　　格：710毫米×1000毫米　　1/16　　12.25印张
字　　数：189千字

定　　价：56.00元
书　　号：ISBN 978-7-5171-5041-1

前　言

　　海淀是全国知名的科技文化教育大区，教育是海淀区的"金名片"，区域内名校云集、名师荟萃。海淀区也是全国著名的教育改革试验区，具有先行先试教育改革的优良传统。为了全面落实全国教育大会精神，进一步加强劳动教育，2019 年 4 月，海淀启动了由 40 余家单位组成的"中小学劳动教育实践研究"课题组，针对劳动教育的思想原则、课程建设、实施路径和评价体系等展开深入的实践研究。本书收集了该课题组五年的研究成果和实践经验。全书紧扣 2022 年 4 月教育部颁布的《义务教育劳动课程标准（2022 年版）》[①]，结合海淀区劳动教育的实际情况，针对十大任务群在课程设计中常见的不足，进行了回应并提供了相应的实践案例。

　　劳动教育作为五育之基，不仅具有独特的教育功效，而且具有综合育人的功能，这些认识均需要在中小学进一步明确和普及。如果没有正确的认识，学校劳动教育有可能就会产生偏差，把劳动教育等同于简单的体力劳动，如，简单的打扫卫生、做值日等，或者把过去的德育活动等同于新时代的劳动教育，这都不利于劳动教育的落实和推进。

　　《义务教育劳动课程标准（2022 年版）》涉及的"日常生活劳动""生产劳动""服务性劳动"三大类劳动内容、十大任务群均是从培养学生的劳动素养出发，使得学生能够具有良好的服务意识和服务能力，能够更好地服务自我、服务

---

① 中华人民共和国教育部 . 义务教育劳动课程标准（2022 年版）[S]. （2022-04-08）[2024-12-24].http://www.moe.gcv.cn/srcsite/A26/s8001/202204/t20220420_619921.html.

他人、服务社会，这些都对学校劳动教育扎实推进提出了新要求，需要学校因地制宜展开校本化实践探索。

劳动是人类为了创造物质财富或精神财富而进行的活动。劳动课程的落实和推进需要借助劳动实践活动完成，劳动课程是学校推进劳动教育的重要途径之一，中小学通过劳动课程的落实，以全面培养和提升学生的劳动素养。2020年3月，中共中央、国务院发布《关于全面加强新时代大中小学劳动教育的意见》[①]（以下简称《意见》）。《意见》强调了劳动教育的价值取向，要求"引导学生树立正确的劳动观，崇尚劳动、尊重劳动，增强对劳动人民的感情，报效国家，奉献社会。"正确的劳动价值观和劳动精神，与勤俭节约的优良传统是相互渗透、相互促进的，劳动教育应与勤俭节约教育紧密融合。劳动教育可使学生树立正确的劳动观念、具有必备的劳动能力和积极向上的劳动精神、养成良好的劳动习惯和劳动品质。

本书分为两个部分，第一部分为劳动课程实施的策略；第二部分为劳动课程的校本化实施，包括设计理念、典型案例、案例分析。设计理念是针对目前中小学劳动教育推进过程中常见的困惑、不足而回应的理性思索。针对每个任务群有2—3个设计理念，全书共有22个案例，集中展现海淀区劳动教育的基本经验和实践过程。

一、劳动课程需要系统设计、整体推进。依据《义务教育劳动课程标准（2022年版）》，围绕学校办学理念，需要整体架构劳动课程。劳动课程的设计通常是在学校原有课程的基础上进一步迭代更新，也可以依据学生发展需要开发新的劳动课程资源。劳动课程资源的开发和应用不是一蹴而就的，需要不断地完善和迭代更新。劳动课程的系统设计和整体推进，可以避免劳动课程的碎片化和不系统，确保劳动课程的落实。北京市海淀区中关村第二小学依托教研组的力量，

---

① 中共中央　国务院.关于全面加强新时代大中小学劳动教育的意见.（2020-03-20）[2024-12-24].http://www.gov.cn/gongbao/content/2020/content_5501022.htm.

整体架构了劳动课程"我是小小魔法师",该课程包括了1—6年级所有的整理与收纳内容,劳动教师利用劳动课程思维导图就可以一目了然,知道要带领学生从哪儿起步,要引导学生到哪儿去。此外,劳动教育的整体推进不仅仅依靠劳动教师,还要依靠学科教师,以及学校劳动文化的营造,等等。

二、劳动课程设计要紧密结合学生日常生活。学校劳动课程的开发和应用要紧密结合学生日常生活,才能有效激发学生的劳动兴趣和劳动热情,满足学生当下和未来发展的需要。学生当下的需要无外乎要求学生掌握基本的生活知识、锻炼基本的生活能力。学生未来发展的需要指的是学生掌握必备的知识和能力,未来步入社会,能适应社会的发展,成为社会的积极建设者,如:清华大学附属小学清河分校开发的劳动课程"我的一平米",北京市海淀区教科院培英未来实验小学开发的劳动课程"我们爱干净",均是从学生日常生活、身边生活抓起。北京市二十一世纪学校开发和设计的劳动课程"自制叠衣板",教会学生运用科学知识自制叠衣板并加以使用,对衣服进行整理、归纳。针对有的学生早上不吃早餐或早餐营养不够的情况,北京市海淀区五一小学开发和设计劳动课程"制作营养早餐饼",清华大学附属中学永丰学校开发和设计了劳动课程"安全使用家用电器"。

三、劳动课程要注重全过程设计。劳动世界是丰富多彩的,由不同的劳动所组成。以生产劳动为例,有的劳动处在上游,有的处在中游,有的处在末端,构成了完整的生产劳动链条。学生亲身体验全过程生产劳动链条,有助于增强学生对劳动的认识,有助于学生学会尊重劳动、尊重劳动者、尊重劳动成果。每一个劳动岗位都很重要,每一位诚实劳动和辛勤劳动的劳动者都值得被尊重。如:北京市海淀区教科院台头未来实验小学开发的课程"跟着水稻去旅行",从种植到养护、收割、打谷、晾晒、蒸煮米饭到享用,学生经历了全过程,不仅从中感受到了劳动的艰辛,而且学会了尊重劳动,提升了学生的观察力。北京市海淀区实验小学开发的课程"'十二生肖花'的观察、养护与种植",让学生体验劳动的全过程，从中感受生命的价值和意义，学习和传承中华优秀传统文化。

四、劳动课程要有机融入科技教育、非遗文化、生态教育等元素。劳动创造人，劳动创造财富，劳动促进社会的发展。每一次社会的进步，都离不开科学技术的发展。在中小学劳动课程中有机融入科技教育，无疑是开展科技教育的重要路径之一，能够有力促进学生创新思维、创新能力和创新精神的培养。在科技教育中融入劳动教育，可以深化和落实劳动教育。如：北京市海淀区双榆树中心小学开发的"校园堆肥花园营造与生物多样性恢复"课程，通过5个子任务的设计，培养学生的团队合作能力，以及不怕困难、勇于探究的科学精神。人大附中航天城学校开发的"利用北斗绘制校园地图"课程，发挥学校的地域优势，培养学生的科技创新能力，并能迁移到其他的实践探究活动中。劳动课程还可以有机融入非遗文化、生态教育等，发挥其作为载体的功能，相互融入，相互促进，共同发展。

五、劳动课程的实施在教室内外。在真实场景下开展劳动教育更有利于劳动课程的落实。真实场景带有更多的不确定性，需要学生调动已有的知识和能力加以解决，能有效提升学生综合素养和综合能力。劳动课程内容涵盖日常生活劳动、生产劳动、服务性劳动，因此实施的地点在教室、学校、家庭、社区、企业等。通常，在教室内更多的是传授基本知识和基本技能，交流探讨，而在教室外，则更多的是劳动实践。如：首都师范大学附属育新学校的"垃圾分类记心间，志愿服务我能行"课程实施，由校内校外劳动实践组成；首都师范大学附属定慧里小学的"小家电，大作为"课程实施，由教室内外劳动实践活动组成。

六、劳动课程的实施需要家长、社会等多方面的支持。劳动课程的顺利推进需要校家社的协同支持。学校是推进劳动教育的主体，教师是第一责任人，劳动课程的实施需要面对真实的劳动世界。家长的支持，有助于形成合力，促进劳动课程的落实，为学生提供适宜的劳动场域。社会的支持，则可以为劳动课程的实施提供更加广阔的平台。如：北京市海淀区外国语实验学校的"学校里的周末集市"课程，让家长、教师、学生、校友进入模拟的真实集市，学生进入买与卖的角色，体验真实的劳动，感受劳动的快乐和不易。北京一零一中石油分校的"京西稻"课程则提供了基地课程的完美设计和实施，需要学校和基地的协同构建与落实。

总之，本书所收集的劳动教育典型案例，均为课题组老师多年的实践经验与成果。书中提供的案例都注重开发身边鲜活的劳动教育资源，这些课程资源为劳动课程实施提供了保障和支持。如：班级值日卫生情况和班级室内设计、餐食制作、校园模型制作、校园屋顶农场设计，等等。这些劳动教育资源还包括家长、教师、有专业特长的热心职场成功人士。劳动教育具有综合育人功能，这些案例注重"五育"融合，以"劳"为核心，开展跨学科的实践探索，如：劳育＋非遗文化、劳育＋生态教育、校园堆肥项目的实践与探索，等等。通常一门课程涵盖2—3个任务群的落实，旨在通过课程的落实，让学生明白劳动世界万物相连，进而促使学生形成正确的劳动观念，同时提升学生的思维品质。

总之，本书一些观点还不够成熟，实践案例也比较粗糙，现编辑成书并出版，还希望各位教育同仁批评指正。

北京市海淀区教育科学研究院院长　吴颖惠

2024 年 10 月

目 录

劳动课程校本化实施

劳动课程实施策略

　　教育与生产劳动相结合的劳动教育思想，是我国长期坚持的教育方针。习近平总书记在 2018 年 9 月 10 日召开的全国教育大会指出，要努力构建德智体美劳全面培养的教育体系，形成更高水平的人才培养体系，明确了劳动教育是教育的重要组成部分。2020 年 3 月，《中共中央　国务院关于全面加强新时代大中小学劳动教育的意见》中提出"整体优化学校课程设置，将劳动教育纳入中小学国家课程方案和职业院校、普通高等学校人才培养方案，形成具有综合性、实践性、开放性、针对性的劳动教育课程体系。根据各学段特点，在大中小学设立劳动教育必修课程，系统加强劳动教育。中小学劳动教育课每周不少于 1 课时，学校要对学生每天课外校外劳动时间做出规定。""除劳动教育必修课程外，其他课程结合学科、专业特点，有机融入劳动教育内容。"2022 年 4 月，教育部制定的《义务教育劳动课程标准（2022 年版）》，对中小学劳动教育的推进提出了更为具体的要求。为进一步贯彻和落实课标，中小学需要校本化实施和推进劳动课程建设。

一、劳动课程实施理念

　　学校劳动课程的设计与实施，要站在为党育人、为国育才的高度审视学校劳动课程体系。通常，学校劳动课程设计与实施要遵循以下几点。

（一）坚持正确的育人导向

　　着力培养学生树立正确的劳动价值观，懂得尊重劳动、劳动者、劳动成果，了解劳动创造人、劳动创造财富，劳动促进社会的发展。人类社会的每一次进步和发展，都离不开劳动和创造。第一次科技革命，开创了以机器代替手工劳动的时代，使工厂制代替了手工工场，用机器代替了手工劳动。第二次科技革命，促进了经济的发展，人类进入"电气时代"。第三次科技革命主要为信息控制技术革命，人类进入互联网时代。第四次科技革命为人工智能时代。每一次科技革命，都是人类劳动创造的结果，劳动改变生活，劳动创造未来。实现中华民族伟大复兴需要每一位中国人在自己的岗位上，通过辛勤劳动，付出更为艰巨、更为艰苦的努力。

（二）建构系列化、层级化劳动课程体系

劳动课程涉及三大类内容十个任务群，内容广博，学校劳动课程体系的建构需要考虑各方面的因素，从课程资源、人员配备、制度保障机制等方面加以考虑。系列化指的是围绕同一个主题，安排相近或相关的内容。层级化指的是围绕同一内容，按照学生年龄和身心发展特点设计课程，内容有阶梯性，由浅入深，由简单到复杂，由单一到综合。十个任务群课程内容设计可以彼此相关、彼此相连，形成你中有我、我中有你的样态。此外，劳动课程的建构还需要考虑家校社的协同发展和推进，以及校内外课程的有机链接。

（三）内容设计要契合学生身心发展

学校劳动课程不仅需要符合学生身心发展，还需要符合社会发展需要，符合学生当下和未来需要。契合学生身心发展的劳动课程不仅可以促进学生健康成长，而且有助于学生保持身心健康，促使学生掌握基本的生活和劳动技能，学会关爱他人，尊重他人劳动，形成正确的劳动价值观念。通过劳动，学生还可以学会利用闲暇时间，增强对生活的体验、对社会的认知，为终身学习和发展打下基础。实践对认知起到基础性作用，劳动是最好的实践。通过劳动，还有助于提升学生对事物的认知和感知能力。

（四）注重劳动实践方式的多样性

多样性主要体现在以下几个方面：（1）劳动世界是丰富多彩的，随着科学

技术的发展，新型劳动的样态会越来越多样化，随之而来的是学生劳动实践和体验的形式也应该多样化。如：到高科技企业学习体验，参与软件的编程、测试和维护，参与高校的科研实验，参与物联网技术的运用，等等。（2）劳动内容丰富多彩，包括日常生活劳动、生产劳动、服务性劳动，涵盖十个任务群，这些劳动内容与学生服务自我、服务他人、服务社会有关。（3）劳动场景呈现多样性。劳动可以是在学校、家庭、社区、工厂、企业、商场等，甚至虚拟的劳动场景，劳动场景的多样化带来了劳动实践的多样性。总之，劳动实践方式的多样性还有助于激发学生劳动的积极性和创造性。

（五）注重评价的导向性

正确的评价有助于学生反思自己的行为，不断激励自身发展。劳动课程评价是劳动课程教育体系建构和实施的重要组成部分。劳动课程评价具有评估和导向作用，教师采用适宜的评价方式，能有效促进学生劳动的积极性、主动性和创造性。一般情况下，劳动按照评价的时间可以分为过程性评价和结果性评价。过程性评价主要关注的是学生在劳动过程中的表现，以及学生在劳动过程中的进步和不足，方便学生改进不足，同时便于教师改进自己的教育教学。结果性评价指的是针对学生一个阶段的劳动情况进行综合评估，以方便教师改进自己的教育教学行为。此外，也可以采用多样化评价，如：作品展示、观察记录、撰写心得体会等等。

（六）注意安全保障体系的建立

安全保障是学校劳动课程实施的前提，学校安全保障要做到位，首先需要建立相应的安全管理制度，明确责任，责任到人，责权利要匹配和统一。制订明确的安全操作流程，让每一位参与者都能做到心中有数，并能按照操作流程规范操作。在劳动场地要有相应的安全设施和相应的安全保障。每次活动前，要对学生进行安全教育，确保活动顺利开展。同时要做好相应的活动安全预案。此外，还需要做好家庭安全教育，做到家校协作，为学生的安全做好相应的劳动保障工作。

总之，学校劳动课程的开发和实施，丰富了学校的育人方式。在中小学加强劳动教育，可以做到以劳树德、以劳增智、以劳强体、以劳育美，是提高学生综合素质的有效途径，能够为学生终身健康发展奠定坚实基础。劳动教育贯穿和融合在学校的一切教育之中。

二、劳动课程实施基本原则

学校劳动课程的实施在遵循一般课程实施的原则上，要体现其独特性。这种独特性主要体现在，新时代劳动教育不同于过去的劳动教育，不再是简单的体力劳动或者智力劳动，其偏重体力劳动的同时，强调体力劳动和脑力劳动并重，注重培养学生的创造力和科学探究精神，以使学生适应未来社会的发展。因此，学校劳动课程要重实践，能够让学生在动手实践过程中激发其创造力，培养其良好的劳动习惯、劳动品质和劳动精神。同时，它还应该具有"增智、育德、强体、健心"的综合育人功能。因此，中小学劳动课程实施应遵循以下几个原则。

（一）倡导项目式学习

劳动项目是落实劳动课程内容的重要载体，可以推动学生"做中学""学中做"，做到学以致用。劳动项目的设置包括：项目目标的制订、项目内容的选择、项目实施、适宜的劳动场域等等，通过项目式学习，不仅有助于学生劳动素养提升，而且可以促进学生综合素养和综合能力的提升，涵养学生劳动的积极性和创造性。如，有的学校在6年级开设毕业课程，通过项目式学习，让学生运用信息技术设计教室图样，并进行联展，以此培养学生的服务意识和动手能力，学会感恩，懂得劳动创造美。

（二）注重学科融入

学科融入有利于培养学生系统思考的思维品质，有利于实现单位时间内教育效能的最大化。现代科学技术的发展在带给人们生活便利的同时，也给人类带来越来越多不可预测的困境，运用单一学科知识已经不能解决问题，需要综合各方力量和各种学科知识，才能有效解决人们所面临的难题。学校劳动课程为学生的综合能力和综合素养的提升提供了路径。如：水稻种植，可以融入科学、语文、数学、美术、书法等多学科知识，这些知识的融入有利于培养学生的思维品质，发挥劳动教育的综合育人功能。在语文学科中有机融入劳动教育，可以让学生了解劳动的价值和意义，培养学生语文核心素养。在数学学科中有机融入劳动教育，可以培养学生的科学和探究精神。不同学科，其侧重点会有所不同。在学科中有机融入劳动教育，可以促进二者相辅相成，劳动教育促进学科发展，学科建设有利于劳动教育的推进和落实。

（三）注重内容的前瞻性和实用性

学校劳动课程设置除了满足学生日常的生活劳动外，还需要设置相应的内容，培养学生掌握基本的劳动知识和劳动能力，以满足学生适应未来生产和生活的需要。很多学校开设有职业生涯课程，让学生走入职场，了解各行各业的工作内容，以及在劳动实践活动中，让学生掌握相应的劳动知识和劳动技能，学会尊重劳动者、尊重劳动成果。有的学校把科学课和劳动教育结合起来，教会学生种植盆栽植物，学会记录和观察植物的生长状况，通过记录感受劳动的魅力和喜悦，丰富学生的闲暇生活。劳动课程的开发及运用还需要结合学生的生活实际，在课程实施的过程中，培养和提升学生的劳动素养。有的学校开设有图书馆志愿者课程，既可以培养学生的信息检索和团队协作能力，又可以增强学生对于图书馆岗位这一职业的了解，受到家长和社区的推崇。还有的学校开设了红十字会课程，学生在专业人员的指点下，掌握包扎、心肺复苏等急救知识，这些技能和知识将让学生终身受用。

（四）因地制宜开发和实施劳动课程

劳动课程开发及实施需要考虑学校的地域环境、学校的现有教育资源、学生的发展需要等因素。我国地域辽阔，南北东西经济发展不一样，风俗习惯也有所差异，不同地区的学校开展生产劳动、服务性劳动也会有所不同。此外，由于气候、水土等因素影响，各地农作物种植有所不同，带来的饮食习惯也会有差异，这也就决定了日常生活劳动内容会有所不同。劳动课程的开发及实施除了考虑外部环境，还可以结合授课教师的专业特长、兴趣爱好进行，也可以结合学生的兴趣爱好和发展。农村学校可以因地制宜地开设种植课程，从种植、养护到收获，让学生全过程参与。在参与中，学生会体会到劳动的艰辛和不易。还有的学校借助高校资源，开设劳模大讲堂，定期组织学生聆听劳模讲述自己和他人的故事，激发学生劳动的热情，热爱劳动，树立劳动最光荣、劳动最伟大的观念。

（五）评价方式多元化

评价是为实现劳动教育目标服务的，多元化的劳动课程评价方式有利于劳动教育的深入推进。常见的评价方式有：

（1）成果展示。这种方式有利于激发学生的劳动积极性，在展示中学生可以相互学习和借鉴。展示可以通过橱窗，也可以通过主题活动等方式，有的学校还通过义卖展示劳动作品，义卖所得全部捐给贫困地区学生，进一步强化了劳动的价值和意义。

（2）等级评价。有明确的量化指标，易于操作，便于教师了解学生劳动状况。学生在完成相应的劳动任务后，可以依据完成质量，赋予不同的等级。可以说，依据一定的评价指标进行评价，评价人操作更容易，也便于学生了解自己的劳动状况。不过，其不足也是显而易见的，它不能清晰地了解学生的细微发展之处。

（3）档案袋评价。把学生在重大事件、关键事件中的劳动态度、劳动技能等情况记录入册，不仅便于学生自评个人的劳动成长轨迹，也便于教师了解和掌握学生的劳动状况，为下一步改进教育教学提供数据支撑。

《中共中央　国务院关于全面加强新时代大中小学劳动教育的意见》指出"将劳动素养纳入学生综合素质评价体系，制定评价标准，建立激励机制，组织开展劳动技能和劳动成果展示、劳动竞赛等活动，全面客观记录课内外劳动过程和结果，加强实际劳动技能和价值体认情况的考核。建立公示、审核制度，确保记录真实可靠。把劳动素养评价结果作为衡量学生全面发展情况的重要内容，作为评优评先的重要参考和毕业依据，作为高一级学校录取的重要参考或依据。"另外，人的认知会有盲点，多方评价有利于学生认识自我，让他人了解自己。如，学生家务劳动，可以通过自评、他评、家长评、教师评的方式，把各方力量聚集在一起，能更加有利于促进劳动教育的深入推进。

三、学校劳动课程实施路径

劳动课程和学校教育教学生活相伴而生。新时期，对于劳动课程目标定位、劳动课程设置、劳动课程实施、劳动课程评价、劳动课程管理，需要学校重新梳理、重新定位。依据《义务教育劳动课程标准（2022 年版）》要求，劳动课程目标聚焦于培养学生劳动素养，着力于培养学生形成正确的劳动观念，掌握基本的劳动知识和劳动能力，形成良好的劳动习惯和劳动品质，以及积极向上的劳动精神。

（一）劳动课程设置

中小学在开展劳动教育之前，要结合课标十个任务群，梳理学校已有的劳动课程内容，并从国家教育方针和学校育人目标出发，评估学校劳动课程还需要完善的地方。通常，学校劳动教育可以通过必修课程、主题活动课程、学科渗透等方式落实。此外，学校也可以依据学生身心发展、学校现有资源以及学校培养目标，系统构建学校劳动课程内容。如果是新建学校，学校还可以一体化构建劳动课程，做到纵向劳动课程内容贯通，体现层级性、阶梯性；横向劳动课程体现融通性，满足学生的个性发展需要。劳动课程内容还可以整合多个任务群，让学生体验完整的劳动过程，有助于培养和提升学生的劳动素养，如：种植—看护—收获—售卖（或烹饪），学生可以经历农业生产和日常生活两大类劳动。

（二）劳动课程实施

劳动教育的深入推进是一个系统工程，劳动课程的落实，学校是主体，家庭和社会是协同，需要学校、家庭、社会合力开展和实施。学生在家庭中承担适当的家务劳动，可以促进学生时间管理、财务管理等综合能力提升，同时培养其孝顺长辈、勤俭节约的良好习惯。学校还可以充分挖掘和利用社会资源，为学生提供适合的职业岗位体验，让学生在职业体验中感受劳动、尊重劳动，为未来做好准备。

（三）劳动课程管理

新时代，劳动教育被赋予了前所未有的重要地位。不同于以往德育处、教学处职能明确，劳动课程管理职能需要重新定位，劳动课程教师队伍也需加强建设。学校需要对教师进行劳动教育观念、劳动教育技能、劳动教育方法等方面的培训，吸纳有专长的兼职劳动教师，组成学校专兼职劳动教育教师队伍。劳动课程管理，可以是对学校原有管理部门赋能，也可以是重新建立新的学校管理部门。劳动课程管理还需要建立一定的激励机制，促进学校劳动课程的迭代更新，提高劳动课程的质量和效果。

（四）劳动课程评价

评价是为达成学校劳动课程目标服务的，依据评价的功能，可分为诊断性评价、形成性评价、终结性评价；依据评价主体身份，可分为自我评价与他人评价；依据评价方法，可分为量化评价与质性评价。采用何种评价方式，需要依据学校劳动课程内容、学校劳动课程目标、学生身心发展特点等确定，过程与结果并重。通过评价，促使学生热爱劳动、喜欢劳动，尊重他人劳动。在劳动中，享受劳动的快乐，促成学生发展，达成学校育人目标。

总之，中小学劳动教育的实施要注重"三动"并重，即"动手、动脑、动情"。

（1）动手。中小学学生正处在身心发展的关键时期，学生通过动手，可以体验劳动之美，感受劳动的快乐和喜悦，提升学生的综合素养，进而实现学校育人目标。因此，中小学劳动教育的深入开展，一定要让学生动起来、做起来。学校劳动教育课程的构建，一般是从衣食住行等基本的生活技能和生活常识入手，让学生养成良好的劳动习惯，掌握基本的劳动技能和劳动知识。比如，日常校园、教室卫生保洁，收拾整理好个人的学习用具，学会力所能及地帮助同学、集体做一些相应的工作，学会烹饪、种植养花、规划家庭假期行程等等。节假日，还可以让学生到社区参加一些志愿者活动，让学生在志愿者活动中接触社会，了解各行各业的职业人、职业要求等，也可以开展一些社会调查，以此培养学生的担当和社会责任感。

（2）动脑。在动手的基础上，中小学劳动教育的开展还需要让学生学会动脑。当今，科学技术的飞速发展，人工智能、大数据、物联网等等的涌现，使学生将要面对的是科学技术日新月异的社会。另一方面，由于劳动教育在学校育人中长期不受重视，使学生不爱劳动、不喜欢劳动、不尊重劳动的现象时有发生。因此，劳动教育的开展需要结合学生的实际情况，因地制宜开展。需要在体力劳动的基础上进行创新型劳动，让劳动教育能够深入学生心田，让学生能够从中感受劳动教育的魅力。

（3）动情。在动手动脑的基础上，中小学劳动课程的实施，还需要让学生动情，激发学生的劳动情感，让学生在劳动中学会体谅他人，尊重他人的劳动，形成正确的价值观和世界观。学生通过劳动，感受劳动的美好，形成爱劳动、会劳动，学会创造性劳动的思维品质。劳动课程的设计和实施需要让学生在动手动脑的基础上动情，形成"劳动创造幸福生活，劳动创造美好生活"的观念。如依照"学生家庭劳动教育任务清单"，不少学校开展了有针对性的家庭劳动教育，学生通过家庭劳动，能体谅到父母当家的不易，激发起作为家庭成员的责任和担当，有力地促进了亲子关系。学生还可以通过社区志愿者活动，感受为他人服务所带来的快乐。还有的学校组织学生到图书馆、博物馆、展览馆、公园等地方开展志愿者劳动，这些都为学生深入了解社会、走进社会、服务社会做好了相应的准备。

一般而言，动手是劳动教育的基础，动脑是在动手基础上的进一步深化和要求，而动情则是在前两者基础上的进一步升华。三者相伴而生，你中有我，我中有你，相互交融，相互交织。

四、城市地区劳动课程特点

课程是学校育人的重要载体，优质与特色是课程的发展方向。城市地区学校劳动课程，可以在原有课程的基础上，依据学生发展需要、时代发展需要、学校育人需要等要素，重组和构建学校劳动课程，其应呈现的特点如下：

（1）特色化。充分彰显地域特征和学校育人特色。学校依据办学需要、周边环境资源和所处地域特征等课程开发条件，开发特色化的劳动课程。生活在都市里的很多学生，家庭生活条件优越，缺乏对农业生产知识的了解，生活和自理能力较弱，针对这一特点，可以在郊区开发学农基地课程，学生通过基地课程学习，不仅了解了农业生产知识，意志品质也得到了锤炼，可以提高学生的综合素质和能力。如，京西稻是北京市海淀区独有的非物质农业文化遗产，有的学校充分利用这样的地域资源，开发了"京西稻"基地种植课程，通过到基地开展农业生产劳动实践活动，了解和传承地域文化。有的学校充分利用地理位置条件的优势，开发了"跟着水稻去旅行"课程，让学生经历了种植、养护、观察、收割、脱米、洗米、泡米、蒸米、盛饭共9个环节，通过全过程劳动实践体验，让学生感知劳动的不易，进而学会尊重劳动、尊重劳动者，提升个人的综合素质和综合能力。还有的学校充分挖掘和应用学校建筑楼的屋顶，开发了"打造校园'屋顶休闲农场'"课程，让学生通过项目招标的形式，自主设计、自主实施、自我评估，进而提升学生的劳动素养。

（2）融入科技含量。劳动创造美好生活，劳动不仅创造了历史，而且改变了人。城区学校有着丰厚的资源优势，可以充分挖掘和应用所在地区企业资源，在日常的劳动课程中，融入科技含量，不仅可以增强学生对于劳动的体验，而且可以激发学生学会创造性劳动、感知科技的魅力。有的学校开发了"利用北斗绘制校园地图"课程，该课程融合了"工业生产劳动"、"新技术体验与应用"及"现代服务业劳动"三个任务群，课程旨在帮助学生了解北斗卫星导航系统的重要意义、学习北斗定位模块的基本工作原理、制作经纬仪，并绘制完成校园平面地图，从而理解劳动创造美好生活的道理，树立勇于创新、乐于奉献的劳动精神。

（3）生活化。劳动课程生活化、常态化，有助于激发和培养学生对劳动的兴趣和树立正确的劳动价值观。有的学校结合学生年龄特点，按照时令天气开展系列有趣的劳动教育。在春天，让学生以自己的名字命名，种植一株感兴趣的植物。在秋天，以班级为单位，用杨树叶的叶柄进行"杠一杠"，最终获胜者可以自己划定区域清扫校园落叶。在冬季，安排学生打完雪仗之后，清扫积雪，把每一个区域堆成一个大大的雪人。还有的学校组织学生走进新建的大兴国际机场，参观新机场航站楼，模拟体验安检、登机全过程。在真实场景中，深入体会劳动最光荣、劳动最崇高、劳动最伟大、劳动最美丽的内涵。

（4）系统化。劳动课程的深入实施，离不开家长和社会的支持，统筹各方力量，形成合力，能有效深入地推进和落实劳动课程。有的学校充分发挥家长委员会的作用，开发了家长系列课程，用以指导家长如何指导孩子完成学业以及开展家务劳动，以此促进学生劳动习惯、学习习惯的养成，学校还组织机器人社团、公益劳动等活动，开展日常性的劳动教育。

（5）针对性。劳动课程的深入推进，需要结合学生的实际生活状况开展。围绕学生成长发展的需要，因地制宜开设劳动课程，如：家务劳动系列课程，这些课程包括擦桌子、洗果蔬、做饭、洗衣服，等等。学生在做家务的过程中，不仅体会了父母的辛劳，还可以把这种实践体验诉诸文字，写下自己的所思所感。也可以以劳动教育为核心，开设劳育＋美育、劳育＋体育、劳育＋德育、劳育＋智育等主题课程。

五、学校劳动课程注意问题

当前，中小学课程已经很丰富多彩，需要学校围绕育人目标，提炼和融入劳动教育元素，优化整合课程，形成系统化、立体化的精品劳动课程。学校劳动课程的实施，需要注意以下四点。

（一）确保劳动课程的科学性

课程基本要素包括课程目标、课程内容、课程结构、课程评价。中小学常把劳动技术、综合实践活动、手工当做劳动课。这三类课程都是开展劳动课的非常好的载体。劳动技术课不能完全等同于劳动课，前者重在劳动技术的掌握、科学技术的培育，后者则重在劳动素养的培养，二者在概念、价值、具体内容上各有不同。综合实践活动注重培养学生的综合实践能力、创新精神和社会责任感。手工课则注重培养学生的动手能力和创造力的课程。无论哪一门课程，均应该包含课程的基本要素，以确保课程的科学性和有效实施。我们经常会发现一些学校课程只有目标、内容和过程，缺少适当的评价，或者只有内容和评价，缺少清晰目标，不知为何而做，这些都需要学校不断审视课程、完善课程。

（二）劳动课程设计勿忘"小我"

学校和家长都会重视直接关系到学生升学、关系到未来就业的课程，而很多直接关系到学生学习习惯和生活习惯、涵养学生劳动观念和培养学生劳动精神的课程，常常会被忽略。殊不知，"一屋不扫，何以扫天下"，这个道理人人知晓，但在现实生活中，却经常被家长和学校淡化。做不好"小我"，很难做好"大我"，未来在社会生活中，也就很难做到为他人服务、为社会服务，这样的课程设计必然会造成地基不稳。服务自我的劳动教育课程，无外乎从衣食住行几个方面入手，会折叠衣服、会做饭做菜、收拾自己屋子、打扫和整理个人的房间、修理自行车，等等，学生要养成良好的家务能力，还需要家长的积极配合和支持。

（三）劳动课程不只是体力劳动

一提到劳动，很多人会以为就是出力流汗，这是对劳动内容理解的窄化。日常生活中，学生从事体力劳动需要和脑力劳动并重，这样二者才能相互促进，实现劳动教育的综合育人功能。让学生学农学工，不能仅仅停留在表面的学习和劳动体验上，还需要让学生了解高科技给农业、工业生产带来的变化，激发学生的科学探究精神，为成为德智体美劳全面发展的社会主义建设者和接班人做好准备。

（四）劳动课程要关注劳动素养的达成

中小学劳动教育课程内容的校本化设计，需要具有发展观念，从问题出发，结合学生当下和未来发展需要而进行。

（1）劳动价值观。丰富的劳动实践课程，有助于学生形成正确的世界观、人生观、价值观。著名教育家陶行知先生曾告诫学生"滴自己的汗，吃自己的饭，自己的事情自己干"。有的学校组织学生开展家务劳动，在劳动中，让学生了解父母、体谅父母。还有的学校组织学生开展垃圾分类等综合实践活动，在劳动实践中，涵养学生形成正确的劳动价值观。

（2）劳动知识和劳动技能。掌握必要的劳动知识和劳动技能有助于学生适应当下的日常生活和未来社会生活的需要。劳动教育内容主要是日常生活劳动、生产劳动和服务性劳动。人工智能时代的到来，更需要学生掌握基本的劳动知识和劳动技能，学会人机协同，这样才能更好地服务自己、服务他人、服务社会。

（3）劳动习惯。好习惯需要训练，才能形成人的自动化行为，一般一个习惯的养成需要 21 天。小学生养成良好的生活习惯，需要家校社协同努力。学校可以充分发挥家长委员会的作用，引导家长培养孩子良好的生活习惯，生活中的良好习惯可以迁移到学习和未来的工作中。此外，社会也需要做好良好的舆论氛围，为学生劳动习惯的养成形成良好的生态环境。小学生劳动习惯的养成，要做到自己的事情自己做，不给他人添麻烦。初中学生则需要在做好自己的事情的基础上，帮助他人做力所能及的事情。高中学生需要在做好自己事情，帮助他人的基础上，在更大范围思考为社会做出自己力所能及的贡献。

（4）劳动情感和态度。劳动情感和态度的养成需要在实践活动中才能养成。现在很多学生家庭生活优越，在这样的环境下长大的孩子，对劳动容易造成漠视和冷淡，如何激发学生热爱劳动、崇尚劳动，培养学生尊重劳动者的情感和态度，很多学校做了积极的探索。有的学校利用紧邻名胜古迹的优势，开发了志愿者服务课程，组织学生到公园做小导游，在帮助游人的过程中，切身感受劳动的快乐，学生的语言表达能力、沟通能力等均得到提高。

中小学劳动课程的实施要让学生做到自己的事情自己做、他人的事情帮着做、集体的事情一起做。由于劳动课程在中小学的缺位或不受重视，在未来一段时间内，劳动课程的实施会出现"反哺"现象，中小学劳动课程一样，任务要求一样，这也是长期缺位后的必然选择，需要经历一段时间的实践探索后，劳动课程才能回归其应有的育人轨道，中小学劳动课程才能依据学生的年龄特点和身心发展，由浅入深、由简单到复杂，呈螺旋式递增上升。

总之，中小学劳动课程需要学校做好规划、根植当下、着眼未来。从学生生活实际出发，从未来社会发展需要出发，系统构建和实施劳动课程。在推进过程中，可以是全面推进，也可以是重点突破，只有这样，劳动课程才能深入人心，让学生喜欢喜爱，让家长放心，让社会满意。

劳动课程校本化实施

找到学生不良习惯

针对清洁与卫生，中小学学生还存在诸多不足，主要表现是：个人卫生习惯有待养成，集体卫生意识淡漠。要改变学生的这些不良习惯，需要教师以问题解决为导向，开发劳动项目，这样不仅有助于解决问题，而且有助于培养学生良好的劳动习惯，促进其劳动素养的提升，且有利于教师专业发展，有利于学校特色化发展。这类以问题解决为导向的课程，具有针对性、鲜活性和实用性强的特点。那么作为教师，应如何开发这一类型的劳动课程呢？

一、认识开发"清洁与卫生"劳动课程的价值

现在不少同学家里有了扫地机器人，甚至有的家庭还请家政服务人员上门清洁卫生，生活条件优渥。那么，为何还要在中小学开展劳动教育？让学生自己动手、动脑打扫卫生，自己做好个人保洁，作为教师要明白其主要价值：

1. 促进学生的身心健康。学生在劳动中，可以感受劳动的快乐、释放身心压力、学会与同学友好相处、学会体谅父母。

2. 提高学生的劳动技能和劳动品质。掌握必备的劳动能力，在劳动中，可以养成受益终身的良好卫生习惯，同时可以做到学以致用，做到以劳树德、以劳增智、以劳强体、以劳育美。

3. 培养学生的劳动品质和劳动情感。通过劳动，可以让学生养成不怕苦、不怕累的劳动品质，学会尊重父母、尊重每一位劳动者，养成劳动光荣的观念。

4. 增强学生的社会责任感和环保意识。通过积极参与班级、学校、社区和

家庭的劳动，培养学生"自己是社会一分子、家庭一员"的意识，同时树立生态环保意识。

二、找到"真"问题是"清洁与卫生"劳动课程开发的前提

有效落实《义务教育劳动课程标准（2022 年版）》任务群"清洁与卫生"的相关要求，需要找到"真"问题，通过调查分析，找到关键问题、核心问题，这是该课程开发的前提。如何找到真问题，这就需要教师掌握一定的方法和技巧，能够认真审视和分析问题。一般情况下，需要对出现的问题进行归因分析，找到关键所在，之后进行假设和求证，找到解决问题的步骤。对于问题的归因分析，可以依靠个人，也可以依靠团队进行。如：小学一年级学生不讲卫生，不讲卫生是现象，造成这一现象的本质可能有多种，有可能是学生没有养成良好的卫生习惯，也有可能是学生没有掌握劳动方法，还有可能是家长对于劳动的漠视、不重视等因素导致学生不讲卫生。因此，如何解决学生不讲卫生的问题，需要从多角度考虑，以此改变学生现状。要想培养学生养成良好的劳动习惯，需要长期训练，辅之以一定的方法和技巧，才能促使学生养成良好的劳动习惯。

三、以任务为驱动，设计有趣、有价值的劳动内容

以任务为驱动是该课程设计的特点，劳动内容设计要做到有趣、有价值。

1.有趣是劳动课程的前提。有趣要符合学生身心特点，满足学生探究世界的心理和价值追求。有趣不仅体现在劳动内容上，还需要体现在劳动形式上。学生生活的外部环境不同，其劳动的目的和价值也会有所不同，教师要因地制宜，结合学生实情开展劳动教育。劳动世界本身是精彩而丰富的，教师开发课程要回归到生活本身，充分体现劳动世界的精彩和生动。比如，让低学段学生自主探究打扫卫生的方法、擦玻璃的方法，或者开展清洁与卫生劳动竞赛等等。

2.有价值则是劳动课程本身应该具有的教育属性。通过劳动使学生掌握基

本的劳动技能和劳动知识，形成正确的劳动观念，树立人人都要劳动、劳动光荣的观念。在长期的劳动实践中，养成良好的劳动习惯和劳动品质。劳动有价值还体现在诚实劳动、自我价值体现、社会价值体现上。诚实劳动是劳动有价值的前提，学生通过一个又一个的劳动实践活动，在活动中涵养和形成诚实劳动的品质，在劳动中获得个人的发展，体会和感悟劳动创造价值的意义。

此外，针对任务群"清洁与卫生"，如何处理校内校外、课内课外、校家之间的关系，是劳动教师设计劳动内容需要考虑的一个重要环节。两者之间的联系，无外乎两种存在形式：一种是交融关系，你中有我、我中有你；另一种是学习与实践、学习与巩固的关系。如果劳动实践场所在校外，学习方式更多的是在劳动实践中学习、在学习中劳动实践；如果劳动实践场所在学校、在教室，学习方式更多的是采用先课上、校内学习，再课下、校外实践和巩固的方式。

四、以促进学生劳动素养提升为目标，采用综合评估方式

着力提升学生劳动素养，是一项系统和长期的工程。教师需要结合学生在"清洁与卫生"任务群中存在的问题或不足，结合预设的劳动教育目标，开展劳动实践活动。在劳动实践活动中，需要教师在教育教学中彰显个人的教育智慧。课程需要紧扣提升学生劳动素养的阶段目标而设置。在推进劳动课程实施过程中，劳动评估尤为重要，好的评估不仅可以让教师了解学生的学习状况，而且有利于学生学会自我反思和自我改进。

以促进学生劳动素养提升为目标的劳动评估方式，可采用综合评估方式，促使学生全面客观地评价自己。教师设计的劳动课程，有"交流评价"这一环节，劳动实践后，个人的自我反思是非常有必要的，学生通过自我反思，可以总结自己开展"清洁与卫生"的得与失，进而不断完善自身的劳动知识体系。通过学习交流，还可以促使学生相互学习、相互借鉴，在交流中提升学生的听说读写能力。也可采用评价单的方式，对课程实施效果进行评价。从评价方式上，可以采用量性评价和质性评价结合。量性评价一般采用标注星号的方式进行，简便易行，易于学生了解自己，教师整体把握学生的劳动状况。"评语"

处则采用质性评价，学生的特殊表现、问题、建议、目标达成情况等内容均可记录在该处。

五、开发课程需要关注以下几点

1. 找准真问题、主要问题、普遍性问题

在开发"清洁与卫生"课程过程中，教师首先要清晰认识哪些问题通过学校教育、家庭教育可以解决。学生在清洁与卫生上可能会存在诸多不足，有普遍性不足，也有个别现象，教师需要甄别，对学生存在的不足进行分类，然后设计相应的劳动实践活动。其次，教师还需要抓住主要问题或者关键问题，以解决主要问题或关键问题为要义，进而逐步解决其他问题。

2. 设计的活动目标、活动内容要有梯度、有层级

学生劳动素养的形成不是一蹴而就的，需要长期培养和浸润。围绕着力培养的劳动素养目标分阶段、分步骤设计，同时辅之以相应的有梯度、有层级的活动内容。

活动内容要发挥学生的主体性、能动性，给学生以创造的空间。比如，如何保证班级卫生干净整洁？让学生自己想办法，找出解决问题的举措，制订实施方案，并加以执行和验证。通过班级清洁卫生，延伸到家庭居室卫生、社区卫生。

3. 设置开放性问题，激发学生创新思维

针对"清洁与卫生"课程，教师设置开放性问题，有利于激发学生的思维、凝聚和汇集学生的智慧、增强班集体的凝聚力。比如，如何通过个人行为习惯的改变来提高环境卫生？每一个学生会有不同的见解，聚集凝练学生智慧，通过集体表决，形成班级公约。

总之，针对任务群"清洁与卫生"课程，可以采用"以问题解决为导向，开发劳动课程"的方式，不仅有利于解决学生在清洁与卫生上存在的不足，而且有助于培养学生劳动素养，同时还可以培养学生的问题意识以及解决问题的能力。

我的一平米

一、课程开发背景

劳动课程的设计要坚持问题导向，找准学生的真正需求。通过课堂观察及调查，我们发现小学生普遍存在以下三种现象：（1）缺乏主动参与劳动的习惯；（2）未掌握劳动方法，不会劳动，劳动效率差；（3）缺乏尊重劳动成果、服务班级、社会的意识。依据课标，结合学校原有"保持我的座位周围一平米整洁干净"的活动，按年级选择适合在教室场域开展的劳动内容，并将"清洁与卫生"和"整理与收纳"两个任务群中的内容整合实施，开发形成"我的一平米"劳动课程。

二、总体安排

"我的一平米"劳动课程贯穿1—6年级进阶开展，通过难度进阶、各级侧重的大主题、长周期的劳动课程，让学生学会解决真实生活中的劳动问题，也有助于学生劳动观念、劳动习惯、劳动能力以及劳动精神的长期培养。为了体现劳动课程结构性与开放性的特点，各年级的劳动课程在实施时会细化为不同的劳动任务，形成"我的一平米劳动任务清单"（详见表1）。

表1 "我的一平米"劳动任务清单

学段	启程		知行		修远	
年级	一	二	三	四	五	六
劳动任务	1. 整理我的小书包 2. 自己整理玩具 3. 用文件袋整理资料 4. 学习擦黑板 5. 我要勤洗手 6. 红领巾自己系	7. 整理我的课桌椅 8. 抹布使用学问多 9. 我们来扫地 10. 垃圾分类我能行	11. 整理抽屉 12. 整理书架 13. 小衣物自己洗 14. 班级大扫除	15. 整理床铺 16. 整理讲台 17. 自制果皮清洁剂 18. 我是消毒小能手	19. 叠衣叠被有讲究 20. 巧手缝补衣服 21. 整理行李箱	22. 我为家人整理衣柜 23. 家庭大扫除

该课程共设计了23项任务，教师可以根据实际情况及时进行调整与补充。

三、课程实施对象

2年级学生

四、课程总体目标

1. 初步建立为班级服务及维护公共卫生的意识。

2. 认识劳动工具和材料，掌握劳动方法和基本操作步骤，管理好个人物品，初步形成个人生活自理能力。

3. 具备爱护学习用品和生活用品、自觉维护班级卫生、珍惜劳动成果的品质。

4. 初步养成讲究个人卫生、自觉整理劳动工具、及时进行收纳整理和垃圾分类的劳动习惯。

5. 能够安全规范、积极主动地参与劳动，在劳动过程中不怕脏、不怕累，并尝试运用创造性的思维寻找提高劳动效率的方法。

五、课程活动安排

教学内容选择了适用于低学段学生的简单清洁和归纳整理劳动，如分类摆放物品、用抹布擦桌椅等活动，让学生认识常用的清洁工具，掌握物品摆放、用抹布或笤帚等工具将环境打扫干净的劳动方法，能够做到物品摆整齐、抹布洗干净、扫地不扬灰等劳动标准，养成及时清理垃圾、劳动工具收纳整齐的劳动习惯。

每课时之间互有联系：第 1 课时"整理我的课桌椅"按照要求整理、摆放桌椅时，发现桌椅有污渍的问题；第 2 课时"抹布使用学问多"探究用抹布清洁桌椅上不同污渍的方法；擦拭出的垃圾又引出第 3 课时"我们来扫地"；最后根据清扫出的垃圾开展第 4 课时"垃圾分类我能行"，将垃圾进行分类处理。

课程活动流程：明确任务、劳动准备、制订计划、组织实施、交流评价、拓展延伸六个环节。

六、课程实施反思

本课程注重由单一的体力劳动转向体力劳动和脑力劳动相结合。该课程通过系列的探究任务驱动，引导学生在劳动中思考、在劳动中学习、在劳动中创造，掌握劳动技能，理解创造性劳动对于提升劳动效率的重要性，真正实现手脑结合。

作者：吴琼（清华大学附属小学清河分校）

案例分析

"我的一平米"劳动课程开发及实施具有以下几个特点：

（1）教师善于发现学生存在的不足，针对不足，结合学校已有的劳动实践活动课程，不断推陈出新，重构该劳动课程。通过"我的一平米"劳动课程案例，可以看到教师通过调查、观察，发现当前学生普遍存在以下问题：缺乏主动参与劳动的习惯；未掌握劳动方法，导致不会劳动、劳动效率差；缺乏尊重劳动成果、服务班级和社会的意识。该项目针对当前学生劳动素养中存在的不足而开发。

（2）针对学生学情，对劳动课程进行有机整合，既可以提升教学效能，又有利于师生进行系统思考。教师结合原有综合实践活动"保持我的座位周围一平米整洁干净"，按年级选择适合在教室场域开展的内容，并对"清洁与卫生"和"整理与收纳"两个任务群中的内容进行整合实施，由此开发了"我的一平米"劳动课程，该课程贯穿小学1—6年级，结合学生身心发展特点，让劳动内容从简单到复杂、逐层递进，逐步落实劳动素养的达成。

（3）课程实施流程化、模式化，便于其他教师的使用。针对该课程，教师设计了"拓展延伸"这一教学环节，每一个子课程的实施均做到实践运用，以期进一步巩固和提升。该课程，教师共设计了23门子课程，这些劳动内容都和学生日常的生活密切相关，比如，整理在家和在校的日常物品，缝补衣服等，这些劳动内容都是着力围绕提升学生劳动素养而设置，培养学生形成一种"自己的事情自己做，他人的事情帮着做，集体的事情大家做"的观念和意识。"我的一平米"劳动课程充分体现了这一思想理念。

围绕该课程，教师还开发形成了以任务为驱动的教学"六环节"：①明确任务；②劳动准备；③制订计划；④组织实施；⑤交流评价；⑥拓展延伸。这"六环节"形成了学校劳动课教师教学模式，每一位教师可以依据学情因地制宜地加以改造使用。"六环节"教学模式为教师上好劳动课提供了便利，同时也为教师创造性落实劳动课程提供了空间。

从身边小事做起

中小学劳动教育需要从学生身边小事做起，着力于培养学生正确的劳动观念，提升学生劳动能力，养成良好的劳动习惯和劳动品质，以及积极向上的劳动精神。从日常身边小事做起，从点滴做起。"一屋不扫，何以扫天下"，说明了做好身边清洁与卫生小事的重要性。

一、为何要从身边小事做起

从学生身边清洁与卫生小事做起，不仅是《义务教育劳动课程标准（2022年版）》的要求，也是学生素质教育的需要。当前，中小学劳动教育还存在诸多不足，主要体现在以下几点：

1. 部分教师和家长未能充分认识劳动教育的价值。"重视智育，轻视劳动教育"的现象依旧普遍存在。如何改变这一现象，使五育并举，促进学生全面发展，依旧需要广大家长和教师高度重视，需要引起全社会的高度重视。从清洁与卫生这类小事做起，可以让相关责任人知道劳动教育和学生日常生活密切相关，关系学生的身心发展健康。

2. 教师开展劳动教育的方法比较单一。中小学劳动教育师资依旧不足，现有劳动教育教师大多身兼数职，专业性有待提高，难以保证劳动课的高质量开设，使劳动教育的方法比较单一；各种保障体制和机制也还在健全之中。甚至有的教师对于身边的清洁与卫生小事做得也不到位。劳动教育从身边小事做起，对学生是教育，对劳动教师专业发展也是促进。

3. 劳动教育的评价方式有待进一步完善。现有的劳动教育评价体系难以量化和凸显学生劳动素养，因此，需要进一步完善劳动教育评价体系，引导学生从日常身边清洁与卫生小事做起。学生日常生活劳动的缺失，天长日久，将会使学生的肌肉、大脑发育受到影响；日常生活劳动的缺失，也将会使学生的综合能力和综合素质受到影响。

二、如何从身边小事做起

针对"清洁与卫生"这一任务群，劳动教育如何做到从学生身边小事做起？依据《义务教育劳动课程标准（2022年版）》"清洁与卫生"任务群涉及的相关具体任务和要求，教师可以进行相应的课程设计，选择的内容不仅要和学生日常生活有关，而且应该有着密切的联系，便于学生学以致用，在实践中学习。如"掌握简单劳动的方法，养成讲究个人卫生的意识和习惯，初步建立垃圾分类的意识和维护公共卫生的意识，在劳动过程中，感受劳动的快乐，愿意参加劳动。"这是任务群1"清洁与卫生"（1—2年级）对学生素养表现的要求，如何达成这一素养要求，教师可从以下几个方面入手：首先，教师要善于开发和应用身边的资源；其次，教师要善于激发学生劳动意识和劳动兴趣；再其次，教师要善于捕捉学生日常生活中常见的不足，以这些不足作为鲜活的劳动教育资源，辅助推进劳动教育的落实，培养学生劳动观念和劳动习惯。现在很多孩子生活条件优越，在家里受到家长无微不至的关心，缺少责任感和关爱他人意识。通过从日常生活中的清洁与卫生小事入手，可以培养学生学会关爱他人，学会尊重劳动成果，学会体谅父母，养成做事学会换位思考的思维方式。

三、如何评价学生做的身边小事

评价学生做的"清洁与卫生"小事，可以从劳动开始一直做到劳动结束。评价可以分为及时性评价、阶段性评价和结果性评价。及时性评价，通常指的是在开展"清洁与卫生"劳动过程中，对学生的一言一行进行及时评价。如教师的一句赞美、一个点头、一个微笑均是评价的方式；阶段性评价，指的是在开展"清洁与卫生"劳动过程中，对学生劳动态度和劳动成效等进行评价。结果性评价，指的是清洁与卫生任务结束后，对劳动成果进行评价，可以从劳动表现上进行评价，如劳动态度是否主动，是否主动做身边的清洁与卫生小事，清洁与卫生是否认真。劳动效果上，需要看清洁与卫生是否产生了良好的劳动效果，是否产生了积极效果，是否对他人产生了影响等等，可以用评价等级"优、良、合格"等进行评价。

四、开发课程需要注意的事项

开发"清洁与卫生"任务群课程，教师需要注意以下几点：

（1）找到学生在清洁与卫生上出现的不足，作为劳动课程资源，在运用资源过程中，要把握好"度"，注意尊重和保护学生隐私；

（2）课程开发要基于学生已有的劳动经验，与学生生活密切相关，从身边小事做起；

（3）树立"我为人人，人人为我"的思想，在享受他人服务的同时，也要积极为他人、为社会做力所能及的贡献，这种意识需要从小培养、从身边小事做起；

（4）辩证看待现代科学技术与传统劳动工具之间的关系，现代科学技术的发展离不开传统劳动工具的贡献，每一次科技的进步，都是在原有技术基础上的发展和创新。

随着智能时代的到来，日常生活中的很多清洁与卫生劳动都会被机器取代。有的学生由于家境优越，在家里的劳动机会减少，有的甚至被取代。在这样的状态下，如何引导学生意识到从身边小事做起的重要性，需要教师加以引导。从思想层面上，让学生认识到参与日常生活劳动的重要性；也可以通过辩论的形式，让学生在辩论中不断澄清认识误区。还可以通过工具的演变，让学生了解工具的变化给人们生活带来的改变，工具的改进预示着科技的进步，科技促进了人类社会的发展。另一方面，清洁地面、衣物、桌椅等劳动，还需要得到家长的支持，家校合作才能为学生提供全方位的实习场所和全过程的锻炼。劳动完成后，及时的评价可以固化学生已有的劳动经验，对存在的不足加以改进。智能机器是人类创造性劳动的成果，可以把人们从繁琐的日常生活劳动中解脱出来，但是随之带来的是体力劳动的减少，对于处在身心发展期的青少年，显然是不利的。而传统意义上的劳动，可以锻炼学生身体的协调能力，培养学生的团队合作能力等，这些是智能机器所不具备的。因此，教师要客观地引导学生认识智能机器和传统工具的利弊，在引导学生学会使用智能机器的同时，发挥传统工具的优势。

总之，针对"清洁与卫生"这一任务群，中小学教师要培养学生从身边小事做起，培养学生对于劳动的情感，促使学生掌握和学会使用常见的劳动工具，进而学会创造性劳动。

典型案例

我们爱干净

一、课程开发背景

《义务教育劳动课程标准（2022年版）》任务群1"清洁与卫生"（1—2年级）要求素养表现为"掌握清扫地面、洗小件衣物等简单劳动的方法，养成讲究个人卫生的意识和习惯。养成不随便扔垃圾的习惯，初步建立垃圾分类的意识和维护公共卫生的意识。在清洁地面、衣物、桌椅等过程中，感受劳动的快乐，愿意参加劳动。"

本案例依据课程标准、学生的身体发育特点、认知水平以及社会环境特征进行整体统筹，教育学生"在学校要维护好班级的卫生"，并且"按要求做值日"。教室每天都要打扫，每位同学都要参加一次值日劳动。这是为集体服务，为大家创造一个整洁的学习环境，同时也利于个人在良好的环境里学习。学习这课时，作为2年级的学生已有了做值日的经验，他们对做值日的步骤、值日中各项劳动的要求等已基本掌握，教学中应重点帮助学生理解当好值日生的意义。

2年级学生已经有当值日生的经历，对于班级值日工作有初步认识，对劳动工具也不陌生。但由于每个家庭教育的差异，有些孩子在家里有家长引导其做家务，而有些孩子在家里从不做家务，班级值日就无法胜任，需要慢慢学，教师慢慢引导。同时表扬值日做得好的同学，请他们介绍经验，为大家树立榜样。

二、课程目标

1. 掌握正确的扫地步骤和方法。

2. 学会打扫教室，养成良好的劳动习惯。

3. 体验集体生活的快乐，养成愿意为集体和同学服务的习惯，逐步形成集体观念。

三、课程重点和难点

（一）课程重点

1. 学会如何清洁教室地面。

2. 尝试用不同方式为班集体服务，学习分工与合作的方法。

（二）课程难点

掌握劳动的技巧，建立真正的责任意识，表现对集体的热爱。

四、授课时长

1课时

五、授课地点

教室

六、授课主要过程

1. 探究学习

（1）教师出示平时教室不干净的照片，引导学生总结让教室干净、整洁的方法。

（2）引导学生思考"以小组为单位，如何分工？值日按照什么顺序？"学生回答后，教师进行总结。

2. 拓展思考

（1）如果自己的任务已完成，别的同学还没做完，怎么办？

（2）放学了，大部分同学已走，你发现窗户没关，又该怎么办？

3. 总结及评价

（1）按照以上总结的方法，进行分工扫除。

（2）针对劳动状况，进行评价。

表1 劳动评价表

自评	☆ ☆ ☆ ☆ ☆
互评	☆ ☆ ☆ ☆ ☆
教师评	☆ ☆ ☆ ☆ ☆
个人感悟	

七、课程实施反思

联系生活实际进行课程设计。教学理念体现劳动课程的性质"发挥劳动的综合育人功能"。引导学生树立"教室地面清洁需要班级每一位学生付出劳动"的思想意识。课程内容也充分体现了人人参与的思想，整个流程体现了劳动任务的进阶型。

作者：张悦（北京市海淀区教科院培英未来实验小学）

案例分析

纵观这篇案例，可以看到教师开发课程"我们爱干净"主要从以下几个方面入手：

（1）教师注意收集生活中的素材，如学生不讲卫生、不注意卫生的细节，教师拍照记录并将其作为课程资源。把学生日常生活的事例作为鲜活的教学资源，易于激发学生对于劳动的兴趣和探究欲，劳动教育从身边小事做起，也就有了针对性、实用性。因此，劳动实践活动要和学生日常生活密切相关。

（2）基于学生已有的劳动经验，引导学生总结劳动方法，并加以实践。如教师在文中写道：2年级不少学生已经有了一定的扫地经验，欠缺的是扫好地的经验，以及坚持扫地的习惯。在"我们爱干净"这一案例中，教师引导学生思考讨论"班级值日如何分工？按照什么顺序做值日？"通过讨论后归结为：①准备工作做到位，将椅子倒扣在桌面上，方便清洁地面（小组成员共同完成）；②2人负责将较大纸张等垃圾捡起放入垃圾箱，方便清扫。2人按扫地顺序，从教室后面墙角的位置逐行扫起；③2人将教室的垃圾清扫到簸箕里，装进垃圾袋倒入垃圾桶。在此，劳动教育的综合育人功能得到了很好的显现。在培养学生自主劳动的同时，也引导学生知道小组合作学习的必要性。

（3）注重引导学生总结如何使用劳动工具。一只手紧握扫把柄的中部或稍下方，另一只手轻扶扫把的上方，扫把微微往内倾斜紧紧贴地面；顺着一个方向轻轻扫；注意观察仔细，角落、桌脚多扫扫（遇到桌椅缝隙处，注意把扫把头调整方向，沿着缝隙清扫），这样既可以让学生掌握使用劳动工具打扫卫生的方法，也训练了学生的语言表达能力和语言概括能力，促进其思维品质的提升。

（4）注重引导和培养学生的集体意识，愿意为集体服务的习惯。针对生活中的常见现象"各人自扫门前雪，不管他人瓦上霜"，引导学生思考：①如果自己的任务已完成，别的同学还没做完，怎么办？②放学了，大部分同学已走，你发现窗户没关，又该怎么办？从设置的两个问题，可以看到教师善于观察学生，善于捕捉学生日常学习生活中的不足，并将其作为教育资源，这样劳动教育也就有了针对性。

（5）定性与定量评价相结合，多视角评价学生，有利于师生客观清晰地认识自我。在"我们爱干净"案例中，教师采用的是定量与定性评价相结合，这样的评价方式有利于学生客观地看待自己，不断修正自己的行为，同时也有助于教师提升自己的教育教学。

归置学习和生活用品

"整理与收纳"分为两部分内容：一个是整理，一个是收纳。如何整理，需要依据不同的学习和生活用品，用不同的方式进行整理，而收纳则需要合理地利用家具空间，系统规划放置衣物等物品。在《义务教育劳动课程标准（2022 年版）》里，任务群 2"整理与收纳"劳动内容从 1 年级贯穿到 9 年级，涉及整理自己的生活用品、学习用品，清理自己的学习与生活空间，从整体上完成对家庭居室和教室内部物品的整理与收纳。系统设计和整体推进"整理与收纳"劳动课程群尤为重要，可以使该任务群的劳动课程目标达成更加高效。

一、系统设计是"整理与收纳"劳动课程群落实的前提

系统设计能够聚拢人、财、物等教育资源，集中发力，可以使劳动课程效能实现最大化。教师对于"整理与收纳"课程群建立起全面、系统的思维模式，这样可以更加有效地推进和落实劳动课程到学校的每一节课、每一项活动中，使学生受益。系统设计还可以避免劳动课程的碎片化、简单化，便于教师能够查漏补缺，有针对性地开发和完善劳动课程，以此提升学生劳动素养。

系统设计"整理与收纳"劳动课程群，可以避免出现劳动课程碎片化现象。针对"整理与收纳"劳动课程群，可以通过纵横交错的方式设计课程。纵，主要表现为针对同一个主题，面对不同年龄段的学生，要求要有所不同，随着学生年龄递增，要求越来越高，劳动内容的难度也越来越大。横，主要表现为能体现劳动过程的全链条，最大化地发挥劳育的综合育人功能。如何呈现学校劳动课程的系统性和科学性，思维导图无疑是非常好的工具。借助思维导

图可以把思考过程和结果呈现出来，以此了解思考是否严谨、周密。学习内容一般可以分为四大类：整理与收纳的目标、整理与收纳的内容、整理与收纳的方法、整理与收纳的活动建议。

二、整体推进是"整理与收纳"劳动课程群实施的需要

整体推进学校劳动课程的前提是全面构建该任务群的劳动课程，可以通过劳动课程的实施路径构建，也可以通过劳动课程内容类别来进行构建，如基础课程（面向全体）、选修课程（有兴趣爱好的学生）、拓展课程（进一步发展的学生），同时还需要保证课程的一体化建设，包括内容的一体化、校内校外课程的一体化、校家社的一体化等等。整体推进"整体与收纳"劳动课程群，要考虑教育资源、教师队伍状况等因素，循序渐进。校内外劳动课程要有机的链接，并对家庭劳动教育时间进行预估，为家长提供支持，助力学生在家开展"整理与收纳"劳动实践活动。此外，推进"整理与收纳"劳动课程还需要一批德才兼备的劳动教师。到了整理与收纳的高阶阶段，可以通过跨界合作，落实"整理与收纳"课程的教学任务。

三、科学评估是"整理与收纳"劳动课程群持续推进的关键

科学评估是"整理与收纳"劳动课程持续推进的关键，评估的最终目的是为了促进"整理与收纳"劳动课程的不断完善，进而达成劳动课程目标，评估可以分为以下几类：

1. 从评估时间划分：前测评估、中期评估、阶段结果性评估。无论是哪一个阶段的评估，均需着眼学生劳动素养，即劳动观念、劳动能力、劳动习惯和劳动品质、劳动精神。针对这四个维度，劳动能力和劳动习惯相对比较好评估，劳动观念、劳动品质和劳动精神相对不易评估，因学生的表现处在动态之中。对劳动观念、劳动品质和劳动精神进行评估，可以采用多种方式进行，可以是质性评估，也可以是档案袋方式，以此了解学生的变化，同时旨在引导学校、教师和学生能够自我反思、自我改进和自我完善。随着人工智能时代的到

来，引用 AI+ 劳动教育，可以提升评估的科学性、时效性。科学评估，还有助于教师反思自己的教育教学。

2. 对课程进行评估。①课程目标是否明确、是否适切、是否具有可操作性；②课程内容是否具有时代性、实用性和丰富性；③教学方法是否具有多样性、有效性、创新性；④教学资源是否开放、丰富、实用；⑤教学评价是否采用多元评价，以此激励和客观评价学生的劳动实践活动；是否采用激励性评价和发展性评价等。⑥课程效果主要看学生劳动素养达成情况、学生参与度等。总之，评估的目的是为了全面了解"整理与收纳"劳动课程实施的情况，为下一步改进和完善该任务群劳动课程提供依据和参考。

系统设计和整体推进"整理与收纳"劳动课程群的方法，也适用于其他 9 个任务群。

典型案例

我是小小魔法师

一、课程开发背景

《义务教育劳动课程标准（2022 年版）》第一学段的目标是"完成比较简单的个人物品整理与清洗，居室、教室等卫生保洁、整理与收纳，以及垃圾分类等劳动任务，参与简单的家庭烹饪。形成'自己的事情自己做'的意识，具有初步的个人生活自理能力。"

在日常生活学习中，很多小学生没有产生收纳的意识，学生之间的整理收纳能力差距比较大，有些学生发新书或者写完作业、上完课，下意识会整理好自己的桌面，根据书本大小和文具种类对书本文具进行收纳和规整；有些学生下课后会先参与课间活动，等下午放学前对桌面和课桌内部进行一次规整，并清点需要带回家的东西；有些学生用完课本和文具之后，一股脑地塞进课桌，等到下一次需要用到的时候再从课桌里急急忙忙地寻找。

另一方面，小学生抽象思维、反思能力、迁移能力、发展能力变化较快。

抽象思维发展水平不高，因此脱离学生现实实际的任务很难调动学生的积极性和兴趣，同时学生也很难将其与自己已有的理念框架联系起来。

因此，整理与收纳对于2年级学生的生活和学习都至关重要。良好的整理与收纳习惯可以帮助学生更好地管理自己的物品，提高他们的生活自理能力，同时也可以帮助他们更好地规划自己的时间。此外，整洁的学习和生活环境有助于提高学生的学习效率，增强他们的自信心。

二、课程开发思路

依据教育部、北京市和海淀区劳动教育相关文件精神，结合学校的育人目标，我们整体架构了北京市海淀区中关村第二小学劳动教育体系框架。

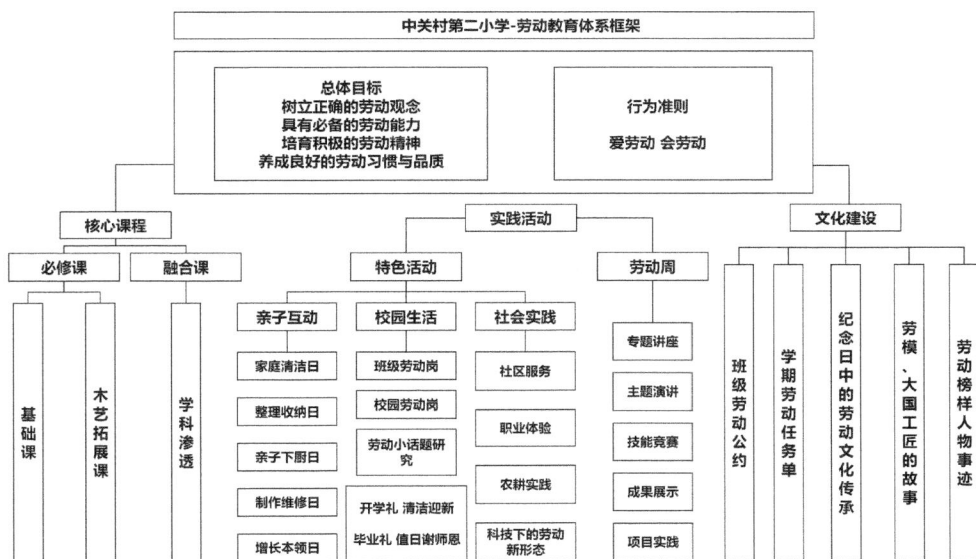

图1 劳动教育体系框架图

在这一框架体系下，我们开发了"我是小小魔法师"课程，该课程贯穿1—6年级，整体架构如下。

三、课程开发目的

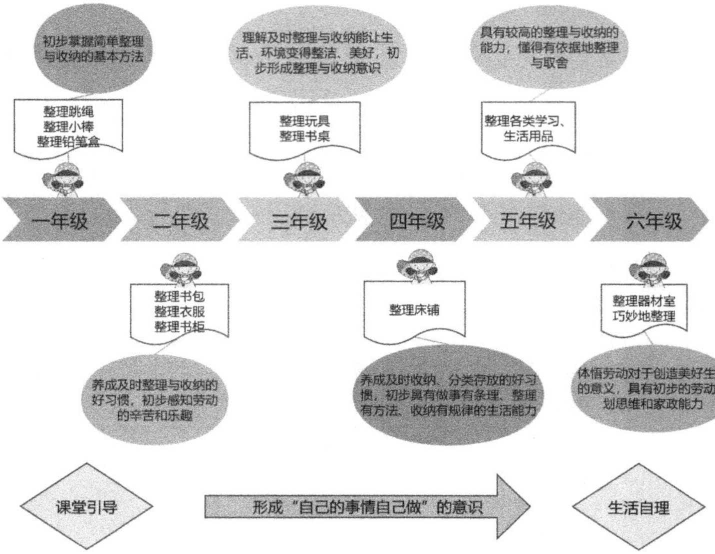

图2 课程开发目的

为了使学生从小养成生活自理和热爱劳动的好习惯，深化劳动意识，使学生在学习与劳动实践过程中逐步形成适应个人终身发展和社会发展需要的正确价值观、必备品格和关键能力，我校开发的"我是小小魔法师"课程，旨在通过引导学生学习整理书包、书柜和叠衣服的步骤和方法，总结整理的技能，体现自主探究的学习经历。在实践中学会客观地自我评价、养成记录生活的好习惯，帮助学生动手动脑，尝试自主整理衣物，学会物归原位、有序摆放和定时整理，有助于学生养成自理、自立的生活习惯。

四、课程实施主要过程与方法

在教学环节的设计中，选择学生日常生活中熟悉或者接触过的内容，帮助学生在课堂中回归生活，把学习到的知识与自己的日常生活联系起来，更便于后期的经验迁移。从另一个角度来看，选取链接学生生活的真实的项目和任务代表着现实世界中相互关联的经验，能够激发小学生强烈参与的学习动机。

以"我是小小魔法师"2年级单元学习为例

（一）单元学习目标

1.完成比较简单的个人物品的整理与收纳，形成"自己的事情自己做"的意识，具有初步的个人生活自理能力；

2.初步掌握简单的整理与收纳的基本方法，养成及时收纳的习惯；

3.初步具有管理自己的生活用品、学习用品的能力，感知劳动的辛苦和乐趣。

重点：帮助学生掌握基本的整理与收纳原则，引导学生思考整理与收纳的意义。

难点：引导学生自己总结出整理与收纳的原则。

（二）单元整体教学思路

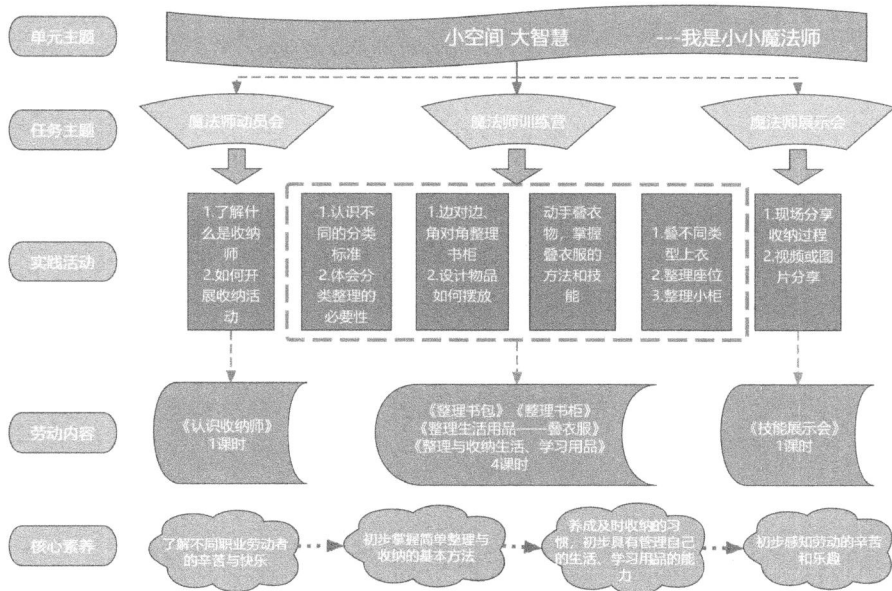

图3 单元教学流程图

（三）单元教学安排

第1课时，通过认识收纳师这个职业，让学生感受到整理与收纳对于我们生活的重要性；第2课时，让学生自己动手整理书包，认识不同的分类标准，体会到分类对于整理收纳的重要性；第3课时，再通过整理书柜，加强学生对于分类整理重要性的体验；第4课时，根据现实情境引导学生叠衣服，掌握叠衣服这项技能；第5课时，引导学生自己动手变废为宝，利用废弃物制作收纳盒等；第6课时（展示性评价），现场展示和分享收纳成果，感知劳动的辛苦和乐趣。

表1　单元作业设计

项目内容	内容描述	作业目标	预估时长	核心素养
整理书包	必做：周末整理自己的书包。	体会分类对于生活的重要性。	5分钟	劳动观念 劳动能力
	选做：整理自己的玩具。	体会不同的分类标准。	5分钟	
整理书柜	必做：将自己的书柜先清洁，再分类整理，最后合理设计摆放位置、收纳整齐。	养成及时收纳的好习惯，珍惜劳动成果。	10分钟	劳动观念 劳动能力
叠衣服	必做：帮助家长折叠一次清洗晒干后的衣物。	掌握叠衣服方法，培养学生的自理能力。	15分钟	劳动能力 劳动习惯
	选做：尝试叠不同季节、不同类型的衣物。	掌握叠不同类型衣服的方法。	15分钟	
整理生活、学习用品	必做：合理利用收纳工具整理、收纳当季服饰。	形成"自己的事情自己做"的意识。	5分钟	劳动习惯 劳动精神
	选做：整理、收纳厨房的调料台。	初步感知劳动的辛苦和乐趣。	5分钟	

表2　活动实施评价表

魔法修炼手册　第（　　　）组

小组成员（学号）	成员互评 ★ ★ ★

温馨提醒：1.拿取物品注意安全；2.注意音量。

表3　拓展作业评价表1

家庭劳动单（**10.13-11.3**）

项目内容	日期	家长评价指标			
		劳动参与		劳动技能	
		偶尔参与	经常参与	基本掌握	熟练掌握
整理学习用品	10.13-10.20				
	10.20-10.27				
	10.27-11.3				
整理自己衣物	10.13-10.20				
	10.20-10.27				
	10.27-11.3				

表4 拓展作业评价表2

班级劳动单

项目内容	教师评价指标☑				
	日期	劳动表现		劳动技能	
		特别整齐	一般整齐	基本掌握	熟练掌握
整理座位					
整理小柜					

五、课程实施反思

首先，培养学生整理和收纳意识。学校可以通过组织讲座、分享会等方式，让学生认识到整理和收纳的重要性，从而培养他们的良好习惯。其次，提供个性化的收纳产品。学校可以根据学生的需求，提供多样化的收纳工具和空间规划方案，帮助学生更好地整理个人物品。再其次，增加实践机会。学校可以组织整理和收纳的实践活动，让学生在实践中学习和掌握这项技能。最后，倡导简约生活方式。引导学生减少不必要的物品，从而降低整理和收纳的难度，让生活更加简约高效。整理与收纳是每个人都应该掌握的一项生活技能。通过培养意识、提供个性化的收纳产品、增加实践机会以及倡导简约生活方式，可以帮助学生更好地掌握这项技能，从而为他们的未来生活带来更多的便利和高效。

作者：闫慧林、李冬梅（北京市海淀区中关村第二小学）

案例分析

在"我是小小魔法师"这一课程构建和实施中，我们看到上述案例首先呈现的是学校劳动教育体系架构图，然后是"我是小小魔法师"课程，从1—6年级的内容分布图到"我是小小魔法师"的2年级单元学习设计图，从面到点，从点到线。学校劳动教育的实施路径主要有：校本必修课、校内外主题活动课程、学科渗透、学校文化四个路径，系统构建能保证学校劳动教育的全方位实施。

北京市海淀区中关村第二小学是一所集团学校，共8个校区（分校），学校为了提高劳动教育的实效性、针对性，成立了劳动教研组，定期进行跨校区教研，并组织相关教师开发课程和学生学习清单，各校区教师依据课程和学生学习情况，因地制宜地采用。这种统一又关注集团各学校个性发展的管理模式为学校劳动教育的高效实施、创造性实施提供了更多可能。

"整理与收纳"这一任务群，贯穿小学1—6年级，其行为习惯的养成和技能掌握将伴随学生一生。在《义务教育劳动课程标准（2022年版）》中对其表述为：初步养成及时整理与收纳的习惯（1—2年级）；逐步养成及时收纳、分类存放的好习惯（3—4年级）；具有较高的整理与收纳能力（5—6年级）；养成认真细致地进行整理与收纳的习惯和品质（7—9年级）。由此可以看到，对于学生的劳动素养要求是逐层递进的，校本化实施该任务群，需要教师考虑人、财、物等因素，依据学生学情，因地制宜地推进劳动课程。学生拥有良好的整理与收纳习惯，可以高效学习与生活、涵养好心情、终身受益。

上述案例"我是小小魔法师"是2年级单元设计，教师针对学生的现实状况，设计了"小小魔法师"课程群，紧扣学生发展需要和学校育人需要。从评价主体看，分为自评、互评、师评，还有家长评价；多主体评价，能够促使学生更加客观公正地评估自己，进而提升自我。从评价方式划分，劳动教育还可以分为量化评估、质性评估，量化评估是为了更加快捷地了解评价情况，而质性评估是为了了解评估对象的情感和态度变化等。

学会装点生活

"整理与收纳"任务群的教学目的之一是让学生学会装点生活，学会用劳动和智慧为自己、为家人和为他人创造更加舒适的生活环境。因此，"整理与收纳"劳动课程群的开发与应用要着眼于学生发展需要。"因需而学，学以致用，用以再创"，指的是劳动课程要能激发学生将所学运用到平时学习生活中，在应用中，促使学生创造力提升和发展。劳动教育具有综合性、实践性强的特点。"整理与收纳"与学生日常的学习和生活密切相关。当前，很多年轻家长认为只要有钱，就可以请小时工，没有必要让孩子再花费时间打扫卫生。如果有时间，可以看书、上课外兴趣班等。作为教师，首先要充分认识到落实"整理与收纳"任务群的教育价值所在，其次要引导家长支持学校工作，一起培养学生养成良好的生活习惯。"整理与收纳"的教育价值主要体现在以下几点：（1）可以培养学生养成良好的卫生习惯，提升自我管理能力；（2）提升生活效率。码放整齐的物品，很容易就能找到，可以让学生拥有更多的时间；（3）创造舒适的学习和生活环境。整洁美观的环境，可以让人心情舒畅，更加有益于学习和生活。（4）增加空间使用率。通过整理与归纳，可以淘汰多余的物品以及不需要的物品，让学生学习和生活的空间更加敞亮。针对"整理与收纳"任务群，教师进行课程设计，要注意以下四点。

一、课程设计要立足"因需而学"

"因需而学"指的是依据学生发展和社会发展需要而设计，学生从自然人到社会人的转化，需要接受正规和系统的学校教育。《义务教育劳动课程标准

（2022年版）》（3—4年级）任务群2"整理与收纳"，对学生素养表现要求为"掌握居室、教室内物品整理与收纳的方法，理解及时整理与收纳能让生活、学习环境变得整洁、美好的道理，初步形成热爱劳动的态度。逐步养成及时收纳、分类存放的好习惯。初步具有做事有条理、整理有方法、收纳有规律的生活能力。"劳动教师在设计课程时要结合课标对学生劳动素养的要求，以及学生的实际需要，对课程进行创造性设计。

整理与归纳是学生必须掌握的基本生活技能，掌握这一技能可以让学生生活更加有品质。学生在劳动中，可以养成良好的生活习惯，可以建立相互学习、相互合作的劳动关系，也有助于学生养成良好的心理素质。社会要稳步健康发展，需要人格健全的人，遵守规则且勤奋劳动、善于创造性劳动的人。

二、课程实施重在"学以致用"

"学以致用"指的是学生及时把所学运用到实际生活场景中，同时也检验自己所学成效。"我听过了，我就忘了；我看见了，我就记得了；我做过了，我就理解了。"课程实施关注两个要点：（1）教会学生掌握基本的整理与收纳方法：规划空间—分类整理—选择工具—合理码放—保持习惯；（2）学会借助合适的劳动工具。在这个过程中，需要教会学生认识工具、选择工具、使用工具，同时教会学生制作简易的工具也很重要。通过这样一环扣一环的劳动，可以让学生亲身体会劳动世界彼此唇齿相依、你中有我、我中有你。每一个人的劳动都很重要，辛勤劳动、诚实劳动的人都会受到尊重。为了激发学生"学以致用"的积极性，教师可以采用多种教学方法，以此激发学生劳动的积极性。比如：整理与收纳大赛、创意作品大赛、人工巧匠比赛等等。此类比赛符合学生心理年龄特点，可以激发学生劳动的积极性和创造性。

三、课程评估重在"用以再创"

课程评估的目的是检验活动效果，最重要的是启发学生心智，促使学生劳动素养得到进一步提升。通常对学生劳动效果的评估可以采用多种方式进行，以确保评估效果可以更加全面客观。教师采用激励评价（小组比赛）、多主体评价（自评、同学评、师评）等多种方式对学生进行评估。课程评价采用定性、定量相结合的方式进行，便于学生对自我有更加客观、公正的判断。通过评估，可以促使学生思考"整理与收纳"的多种方式，以及在什么情景下，采用什么评估方式。总之，多种形式的评估易于学生提升对课程本身的认识，同时也有助于进一步拓展学生的思维，激发学生学会创造性劳动。通过"因需而学，学以致用，用以再创"的闭环设计，可以促使教师对"整理与收纳"这一任务群不断创造性设计与实施。

四、课程设计与实施的注意事项

针对"整理与收纳"任务群的课程设计与实施，教师应注意以下几点：

1. 注意工具的安全使用，采用与任务相匹配的工具。

2. 充分调动美术、科学等相关学科，以支持该课程，发挥劳动教育的综合育人功能，促使劳动教育效能最大化。

3. 通过整理与收纳，促使学生养成良好的劳动习惯，形成科学的思维方式。

典型案例

自制叠衣板

一、课程开发背景

《义务教育劳动课程标准（2022年版）》（3—4年级）任务群2"整理与收纳"要求的素养表现为："掌握居室、教室内物品整理与收纳的方法，理解及时整理与收纳能让生活、学习环境变得整洁、美好的道理，初步形成热爱劳动的态度。逐步养成及时收纳、分类存放的好习惯。初步具有做事有条理、整理有方法、收纳有规律的生活能力。"

"自制叠衣板"这节活动课，以学习制作叠衣板为依托，让学生学会简易、快捷的叠衣方法。在平时生活中，大部分学生都叠过自己的衣服。但是，并不是所有学生都会正确、快速地叠衣服。很多学生没有使用过叠衣板，因此，选择这个项目可以让学生学会制作叠衣板的同时，掌握快速叠衣服的方法，并以此获得收纳的成就感和劳动的幸福感。

二、课程目标

1. 了解叠衣板的制作和使用方法。

2. 小组分工合作，制作叠衣板，练习叠衣板的使用方法，并在小组合作中建立平等、和谐的劳动合作关系。

3. 培养学生劳动意识和劳动习惯，体会劳动的快乐和成就，尝试为家人叠衣服、整理家庭衣柜。

三、课程时长

1课时

四、适用年级

三年级

五、教学地点

教室

六、教学准备

硬纸板（快递箱、纸箱拆剪开亦可）、宽胶带、剪刀

七、课程实施主要过程

环节1：如何能又快又好地叠一堆衣服？（用凌乱衣柜图示导入）

环节2：教授叠衣板的制作方法和使用方法（视频教授），之后让学生用语言复述制作过程。

环节3：练习使用叠衣板叠衣服，组织学生分步骤练习使用叠衣板叠衣服。组织小组比赛，看谁的衣服叠得又快又好？

环节4：学生交流折叠衣服的感受和收获。

八、课程评价

表1 课堂表现评价

自评	☆ ☆ ☆ ☆ ☆
互评（同学评）	☆ ☆ ☆ ☆ ☆
教师评	☆ ☆ ☆ ☆ ☆
其他（家长、相关行业）	☆ ☆ ☆ ☆ ☆
个人感悟	

九、课程实施效果

学生学会制作叠衣板的同时，掌握了快速叠衣服的方法，从中获得了收纳的成就感和劳动的幸福感。

作者：王娟（北京市二十一世纪学校）

案例分析

本案例"自制叠衣板"是任务群2"整理与收纳"的活动内容，该案例旨在通过学习制作和使用叠衣板，帮助学生掌握收纳衣服的技巧。"一切兼有方法"，关键是找到解决问题的钥匙，教师在教授"衣服的整理"这一任务的时候，首先是教会学生利用所学的知识，通过小组合作学会制作简易的工具；在制作中，促使学生在小组合作中建立平等、和谐的劳动合作关系；同时培养学生劳动意识和劳动习惯，体会劳动的快乐和成就。劳动不仅可以创造财富，而且可以维持生命和生活的基本需求。人们通过劳动获得食物、住所和其他生活必需品，从而满足生活中的各种需求。针对任务群2"整理与收纳"任务，开发课程，教师可遵循"因需而学，学以致用，用以再创"的原则。

在本案例中，学生为住宿生，教师针对当今社会生活的快节奏以及学生的现实生活状况：衣橱没有归置，衣服码放乱糟糟，设计了"自制叠衣板"这一板块内容，并创造性地对活动内容进行了设计，活动分为两个部分：制作叠衣板、折叠衣服。制作叠衣板，涉及绘画、科学等知识，而折叠衣服则是培养学生的动手能力以及团队合作能力。该活动设计真实地模拟了劳动世界的劳动环节：准备生产—制作产品—实际运用。

因此，教师从实际需要出发，采用学习—制作—运用的模式开展教学。学生在实践中需要动手、动脑，并充分调动其空间感知能力，才能制作好叠衣板。

针对不同款式的衣服，需要设计不同形状的叠衣板，这些都需要学生具有一定的综合素质和综合能力。在本案例中，学生分组折叠衣服后，教师组织学生进行经验交流和研讨。通过交流研讨，学生可以分享其他组的成功经验，进而完善自己的知识结构，不断提升个人综合能力。通过活动的开展，可以让学生明白学习的方式多种多样，可以是学用结合、学中用、用中学。

烹饪课程里的教育味

民以食为天，掌握烹饪的基本技巧和基本知识，有助于培养学生的生活能力。在烹饪课程里，蕴含有丰富的教育元素，挖掘和应用其教育元素，可以有效提升学生劳动素养。通常情况下，挖掘烹饪课程里的教育味可以从以下几个方面入手。

一、培养学生掌握基本的生活能力

按照《义务教育劳动课程标准（2022年版）》要求，通过任务群3"烹饪与营养"的学习，可以让学生掌握基本的烹饪方法，满足学生的饮食需求，同时具备基本的生活能力。中国烹饪文化里有多种方法，如：凉拌、炒、蒸、煮、煎、炸、焖、焗、炖、煨、烧等等，每一种烹饪方法都是前人潜心研究的结果，一代代相传，直到今天。每一种烹饪方法都讲究烹饪时间、食材选择、用火程度等。在烹饪中，还需要制作者专心致志、尽心尽力。学生掌握基本的烹饪方法，在享受美食的同时，还可以满足自身成长和发展的需要。

二、培养学生养成良好的饮食习惯

让学生掌握烹饪的基本方法是为了健康饮食，避免学生暴饮暴食，营养不均衡等等。健康饮食是良好生活习惯养成的前提，如何做到健康饮食，需要从以下几个方面入手：

1.注意饮食制作卫生。制作前洗手，保持手部干净；头戴帽子，避免因头皮屑和头发凌乱干扰制作；生食和熟食要分开。

2. 烹饪方法要恰当。面对不同人群的需要，选用不同的烹饪方法，采用不同的食材。

3. 饮食制作完毕，注意清洁卫生。及时收拾和整理案板等制作工具，保持制作台面的干净和整洁。生食、熟食案板要分开，盛盘要分开。

4. 注意合理饮食搭配。合理饮食需要依据自身成长的需要，进食多类食物，避免暴饮暴食，以确保身体所需要的营养。"好吃不一定有营养，有营养不一定好吃"，饮食还需要关注身体的需要，建立起膳食平衡的观念。良好的烹饪与健康习惯对于提高学习、工作效率和生活质量至关重要。习惯的养成需要从点滴做起，从平时做起。有了包饺子机器，还可以叫外卖，为什么还要自己动手包饺子？这些疑问会在学生中产生，需要教师加以引导，让学生知道"包饺子"不仅仅是培养和提高自身的生活技能，更重要的是其承载的是一种文化，寄托了对家人的祝福，对于国盛家兴的期盼。

三、学习和传承中华优秀传统文化

中国饮食文化孕育着人们对生活的期盼和期许，不同地区的人们在饮食上存在着巨大的差别，南北东西地区的人们在饮食上有着明显的不同。面对不同的食材，其烹饪方法有所不同。相同食材却也有不同的吃法。在这不同吃法的背后，是不同的文化、不同的民俗和风土人情。如：我国北方地区喜欢吃面食，逢年过节都会吃饺子，预示团团圆圆。而在我国南方，人们喜欢吃元宵，预示团团圆圆、年年高。不同的饮食，与当地的农作物有着密切的关联，我国南方生产水稻，而北方盛产小麦。虽然饮食习惯不同，但人们对于美好生活的追求和向往却是相同的。

四、了解食品是情感传递的媒介

烹饪课程还可以拓展到关注饮食者的营养健康。在这之中，可以培养学生的同理心，从他人的视角考虑如何做事，学会如何关爱他人。比如：老人和幼儿需要吃软一些的饭菜，便于消化；而病人需要吃营养丰富、适口的饭菜，以促进身体早日康复，这些都是在烹饪中需要考虑的要素。当前，学生生活在一个物质丰裕的时代，很多年轻家长和学生会有疑惑，有了外卖，为何还要学烹饪？学习烹饪，不仅仅是教会孩子掌握一门生存技能，更为重要的是其是家庭成员之间重要的情感纽带，也是了解他人、了解外部世界的一个重要手段。食材从种植、收获、运输、买卖到饮食制作到餐桌，经历了诸多工序，经过很多人的传递和传输，这中间需要人的劳动交换，需要每一个人的辛勤付出，这对于学生就是很好的劳动教育资源。

五、开发烹饪课程要关注的几个要点

烹饪的教育价值主要体现在以下几点：

1. 可以培养学生养成良好的劳动习惯。良好劳动习惯的养成有助于学生科学饮食、健康饮食。烹饪过程中，可以培养学生做事的顺序，如就餐前餐具的准备，就餐后餐具的清洗等。

2. 每一个人的劳动都很重要，社会由不同人的分工组成，需要每一个人的辛勤劳动。通过劳动体验，可以促使学生学会尊重劳动、尊重劳动者。

3. 劳动创造美好生活；每一件物品都需要劳动交换，品质兼优的物品需要付出更多的劳动，学生在劳动中可以深切体会劳动创造幸福生活的真谛。

4. 让学生学会下厨烹饪，可以培养学生对于家人的关爱和关照，而这些是外卖所不能代替的。

5. 烹饪蕴含了丰富的地域文化和优秀的中华传统文化，形成了独具特色的八大菜系，代表了中国传统饮食风味。

典型案例

包饺子

一、课程开发背景

通过观察和访谈，发现目前学生主要存在以下情况：（1）生活中的劳动参与度比较低。（2）劳动方法掌握的少。（3）父母做得多，学生劳动机会少。（4）对劳动成果的尊重情感不够高。

《义务教育劳动课程标准（2022年版）》3—4年级任务群3"烹饪与营养"要求的劳动素养为："能用简单的凉拌、蒸、煮等烹饪方法，满足自己基本的饮食需求。形成生活自理能力，初步建立健康饮食的观念。具有初步的食品安全意识。能正确认识烹饪劳动的价值，形成热爱劳动、尊重劳动者的观念。"

本课程通过对饺子来历、相关谚语俗语的探讨，提升学生的传统文化自信，通过新闻片段，使学生体会"吃饺子"在中国人的生活中蕴含的文化意义和情感意义。再让学生的调查回归到自己家庭，了解一家人包饺子需要的材料和花费，了解家人喜欢的饺子口味，了解饺子馅的做法。然后通过课堂小组活动探索并实践和面时面粉和水的配比，提高学生生活常识和生活技能。最后请学生学习并操作擀饺子皮、包饺子的过程，提升动手能力。现场煮饺子并品尝评价，使学生体会到劳动的幸福。

二、课程目标

1. 学会家庭常用擀皮和包饺子的方法。

2. 养成认真负责、规范操作、有始有终、干净整洁的劳动习惯。

3. 在劳动中懂得"一分耕耘，一分收获"的道理，领会精心细致的劳动精神。

三、适用年级

4年级

四、课程实施主要步骤

1. 创设情境，明确任务（包饺子）。

2. 认识包饺子工具，介绍食材。

3. 探究方法（学习擀皮儿和包饺子），劳动操作（动手包饺子）。

4. 煮饺子、品尝饺子、整理桌面。

5. 小组交流、互相评价。

包饺子劳动评价表 　　第（　）组

"最佳"打5分，"比较好"打4分，"一般"打3分，"再改进"打2分

劳动观念	愉快地参加包饺子。	
劳动能力	1. 擀皮大小、薄厚合适，接近圆形。	
	2. 包的严实、不破。	
	3. 味道鲜美。	
劳动习惯及品质	1. 规范操作。	
	2. 注意安全。	
	3. 桌面及时整理。	
劳动精神	团结、认真、精心，能平和地解决问题。	

五、课程拓展

为家人包一次饺子，在家中学习体验花样饺子的包法。

六、课程实施反思

讲演结合，将劳动操作的基本方法转化为自己的教学行为，帮助学生归纳劳动规律、思想和方法。运用已掌握知识经验，开展劳动实践，体验完整的劳动过程，以劳动成果直观教学目标达成情况。以"评价表"的形式，帮助学生建立对自我的认知，以便反思与改进。形成继续参与劳动的意愿，养成主动参与劳动的好习惯。活动让学生明白劳动本身就是学习，学习和劳动是分不开的。学生能够将所学的知识与能力迁移到解决生活中的问题，就是劳动。

作者：王艳梅（北京师范大学实验小学）

案例分析

"包饺子"这个案例，呈现以下特点：

1. 劳动内容从日常饮食入手，与学生生活密切相关。包饺子是北方常有的一种生活习俗，大家在一起包饺子，不仅可以感受美食、分享美食，还可以增进感情，感受生活的美好。本案例采用的是小组合作的方式，大家一起包饺

子、煮饺子、品饺子、评饺子。

2.劳动过程注意培养学生科学思维方式，教会学生掌握基本的方法。"包饺子"案例中，教师呈现的是面团变成皮的过程，以及如何包饺子、煮饺子、品饺子，这是做事的顺序。养成良好的做事程序意识，有助于提高学习和生活效率。

3.劳动教育从细节入手。包饺子活动结束，老师组织学生进行桌面的整理和收拾。这种习惯意识，需要长期培养，也需要家校协同推进。课后拓展作业，要求学生为家人包饺子，这也是对学生课上学习效果的检验。

4.引导学生学会自我评价。学会客观公正地评价自己，有助于学生更好地客观地反思自己的所思所学。从劳动观念、劳动能力、劳动习惯及品质、劳动精神四个维度进行评价，以此了解活动目标的达成情况；也可以采用自评、互评、他评、师评（家长评）的方式，在多主体评价中，学生能更加客观地反思自我、审视自我，通过评估，走向自我完善、自我改进的道路。

针对"烹饪与营养"这个任务群的教学内容，教师需要关注以下3点：

（1）安全教育。在制作美食过程中，要注意刀具、煤气炉和燃气炉的安全使用，这些制作工具的使用，除了在授课前教师的讲解，还需要在授课中，教师做到提前防范，也可以采用同学之间相互关照和相互提醒等方法。

（2）健康饮食。制作美食，需要在制作前、制作中、制作后，确保食材干净安全，符合饮食标准。

（3）因地制宜落实课程要求。在"包饺子"案例中，针对学校没有专业教室，学校因地制宜采用电磁炉煮饺子；针对学生小的特点，多名教师同时参与此次授课，有主讲教师，其他教师为助教，主要是协助主讲教师完成相应的教学任务，以确保劳动课程的顺利进行。此外，饺子馅也是学生在家提前准备好，拿到学校，这些都为劳动课的顺利进行做了铺垫。当然，有条件的学校，可以在专用教室进行，这样可以节省大量的人力、物力成本。

让学生吃得更健康

中小学劳动教师制订"烹饪与营养"劳动课程目标需要找到学生的发展需求，其直接关系到劳动课程成效，找准学生发展需求可以说是劳动教师专业的基本素养。教师可以通过平时的观察，或与科任教师、家长、学生沟通交流，了解班级学生的饮食与健康状况。

一、了解学生饮食状况的必要性

围绕任务群 3"烹饪与营养"，学生的发展需求是什么？需要教师进行前测，才能确定学生的发展基点。从烹饪的基本技巧到相关的营养学知识的掌握情况，这些都需要教师对学生进行初步的诊断和了解。此外，这一任务群不是孤立存在，其与"清洁与卫生""整理与收纳""家用器具使用与维护"这三个任务群又有关联，甚至可以说是环环相扣。对这一任务群的学习和实践运用，也是对其他三个任务群学习内容的复习和巩固。

1. 促使学生学会关爱自己。要完成任务群 3"烹饪与营养"学习任务，首要的基础是培养学生掌握基本的生活技能，学会关爱自己。学会烹饪、学会营养膳食、健康膳食，这是关爱自己的前提。"清洁与卫生""整理与收纳"这两个任务群的学习内容掌握是"烹饪与营养"任务群学习的基础。"家用器具使用与维护"任务群的实践运用是"烹饪与营养"任务群学习的支撑。

2. 促使学生学会关爱家人。学生关爱自己的同时也要学会关爱家人。关爱家人可从日常生活中的点滴入手，"烹饪与营养"这一任务群的活动实践就是很好的学习载体，需要学生了解家人的饮食偏好，针对家人的特定需要，因地制宜制作健康饮食，在制作中，考量的是学生的爱心、耐心和意志力，故可以说为家人制作饮食，是在关爱自己基础上的进一步升华。针对"烹饪与营养"这一任务群的学习和实践，又有了进一步的提升。

3. 促使学生学会关爱他人。在培养学生关爱自己、关爱家人的基础上，还需要培养学生学会关爱他人。中华民族从古至今是一个讲究文明礼仪的民族，亲朋好友聚餐，如何兼顾到每一个人，考量的不仅是学生的爱心，还有学生的观察力，以及学生的耐心、细心，通过了解学生的发展特点和发展需求，教师可以制订适合的劳动实践活动计划。

二、理解学生健康饮食的目的

《义务教育劳动课程标准（2022年版）》3—4年级任务群3"烹饪与营养"的素养表现要求是"能用简单的凉拌、蒸、煮等烹饪方法，满足自己基本的饮食需求。形成生活自理能力，初步建立健康饮食的观念。具有初步的食品安全意识。能正确认识烹饪劳动的价值，形成热爱劳动、尊重普通劳动者的观念。"5—6年级"烹饪与营养"的素养表现要求是"能进行家庭餐食的设计和营养搭配，并掌握简单的烹饪方法。初步养成营养搭配和健康饮食的习惯，具有食品安全意识。树立乐于为家人服务的劳动观念，初步形成家庭责任感。"两个学段的素养要求是逐层递增。

当前，由于社会经济的快速发展，人们生活的节奏越来越快，很多家庭的早餐也就草草了事，这对于处于成长中的孩子显然是不利的。不吃早餐不仅不利于孩子的成长，而且对于学生的学习也会间接带来负面影响，不吃早餐的危害主要表现在：容易使人感到头昏、乏力，注意力不集中，打乱胃肠功能，容易发胖等等。要改变这一现状，从学生到家长到教师，均需要改变传统观念，认识到早餐的重要性，并教会学生制作早餐，掌握烹饪的技巧，让学生吃得更健康。

三、选择适合的烹饪方法

情境式、项目式、任务型教学是中小学劳动教育提倡的劳动实践方式。选择烹饪授课，教师首先要确定有开展劳动教育的实践场所且安全，这一场所能便于教师指导、学生操作。教师可以采用播放视频来营造劳动氛围；也可以通过一个探究小项目，让学生自己选择烹饪方式，在烹饪中，学习和了解烹饪的技巧和相关烹饪知识；还可以采用任务型教学，让学生通过一个个的任务，掌握烹饪技巧。

四、采用促进学生自我反思和改进的评估方式

学生劳动实践的评估方式是为了促进学生爱劳动、会劳动、学会创造性劳动。常见的评估方式有展示性评价，也可以采用多主体评价方式，或引导学生进行自我反思、自我改进。针对这一任务群的劳动实践，学生可能会有各种疑惑，需要教师积极应对和积极引导，如："可以叫外卖，为何还要费力做饭做菜？"教师可以组织学生进行讨论，适时进行引导，让学生了解家庭美食的背后是亲情的呈现，是爱的体现。

典型案例

制作营养早餐饼

一、课程开发背景

人们的生活离不开吃穿住行管，青少年学生在中小学掌握一些常用的生活技巧和生活知识，可以让未来的生活更加顺畅、更加精彩。2022年4月，教育部正式发布《义务教育劳动课程标准（2022年版）》。劳动教育作为五育之一，是培养学生全面发展的重要途径之一，具有树德、增智、强体、育美的功能。

依据课程标准，结合学生特点，我们在四年级设计了"制作营养早餐饼"的劳动项目学习活动。此项目涉及清洁与卫生、整理与收纳、烹饪与营养、家用器具使用与维护共4个任务群。

针对学校开展劳动教育的实际情况，结合"为学生的幸福人生奠基"的办学理念，海淀区五一小学研发"金苹果"劳动教育课程，为各年级学生定制

设计劳动项目，促进学生在每天的点滴积累中，发展基本劳动素养，学习生活知识和技能，感受和创造劳动之美。经过长期实践与探索，学校对劳动教育课程不断进行校本化探索和总结，提炼出"SPACE"五步教学法（Situation 情境创设、Preparation 课前准备、Action 行动实践、Conclusion 评价反思、Extension 拓展延伸），作为学校实施劳动教育教学的基本模式。

🍎 SPACE五步教学法

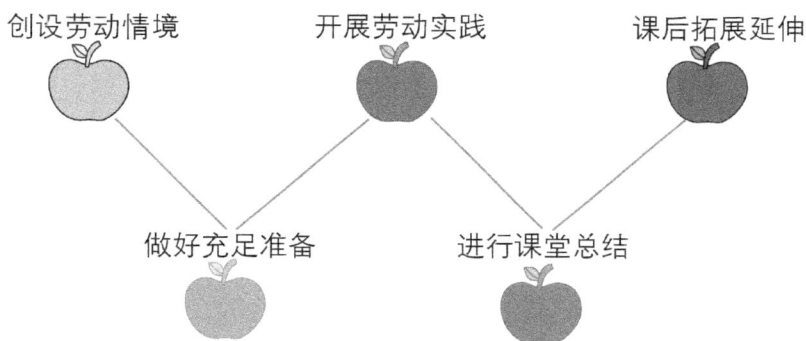

创设劳动情境　　　　开展劳动实践　　　　课后拓展延伸

做好充足准备　　　　进行课堂总结

二、课程目标

劳动观念：认识到吃早餐对人体健康的重要性。

劳动能力：运用正确的方法和劳动工具，完成制作早餐饼的实际操作。

劳动习惯和品质：养成每天吃早餐的良好习惯，注重饮食卫生。

劳动精神：通过制作早餐，培养认真做事的精神，感受自己动手、丰衣足食的快乐。

三、课程实施主要步骤

1. 创设劳动情境

古人云："一年之计在于春，一日之计在于晨。"早晨是一天中最重要的时刻，一个美好的早晨又以高质量的早餐开始。因此，我们常常能听到"早餐不但要吃，更要吃好"这样的说法。通过这样的谈话引入"营养早餐饼制作"项目活动的学习。早上早点起床吃完早餐，养成良好的饮食习惯，可以让我们的身体更健康，整个人都精力充沛、充满活力。

2. 劳动准备

（1）通过"看一看"的环节设置，了解到不吃早餐的危害。

（2）通过"说一说"的环节设置，根据膳食宝塔的知识，了解早餐都应该包括哪些食物。每天都要坚持吃早餐，而且种类要丰富。要在谷类、蔬菜水果类、肉蛋类、奶类或大豆类四类食品中选择至少三类或以上，其中谷类、肉蛋类应必选其一。此外，还应做到有干有稀、有荤有素。

（3）通过"议一议"的环节设置，让学生了解到中国地域辽阔，各个地方都有地方特色浓郁的传统早餐，如北京的豆汁儿、河南的胡辣汤、广东的肠粉、天津的煎饼果子、武汉的热干面、上海的生煎包、西安的肉夹馍等等。

3. 劳动实践

（1）小组同学一起阅读学习单并做好分工。

早餐饼制作步骤

1. 用 1/2 量勺测量 1 勺面粉，放入搅拌碗中。
2. 用 1/2 茶勺测量 1 勺食盐，放入搅拌碗中。
3. 用量杯测量 100ML 水，倒入搅拌碗中。
4. 两名同学每人把 1 个鸡蛋打入搅拌碗中，蛋壳放入垃圾盒里。
5. 将面糊搅拌均匀。
6. 清洗干净的蔬菜切碎放入搅拌碗中。
7. 清洗干净的小香葱切碎放入搅拌碗中。
8. 火腿肠去除包装膜，切成小碎丁放入搅拌碗中。
9. 玉米粒打开包装，用 1/4 量勺测量 1 勺，倒入碗中。
10. 将添加过辅料的面糊搅拌均匀。
11. 电饼铛提前预热 1 分钟。
12. 倒入少许食用油，用硅胶刷子刷抹均匀。
13. 面糊倒入电饼铛，用勺子铺开成面饼。
14. 电饼铛工作约 3 分钟，饼成型，用木铲翻面。
15. 电饼铛继续工作 3 分钟，饼表面焦黄成熟。用木铲铲出放到案板上。
16. 用刀切分成小块，装入盘中。

（2）教师根据学生的需求展示重要的操作环节。

（3）以小组为单位完成早餐饼的制作，并做好所有工具的清洁、收纳工作。

4. 课程评价

（1）展示劳动成果，分享收获体会。

（2）填写评价表，为自己采撷幸福劳动星。

表 1　课堂自评

评价内容	自我评价
1. 我认识到了吃健康早餐的重要性。	☆☆☆☆☆
2. 我学会了使用电饼铛摊饼。	☆☆☆☆☆
3. 我可以根据食材的种类和营养，制作多种口味的蔬菜饼。	☆☆☆☆☆
4. 在烹饪过程中，我能够规范、安全地使用电器，并在做完早餐后及时清理厨房。	☆☆☆☆☆
5. 在制作蔬菜饼的活动中，我感受到了自己动手、丰衣足食的快乐。	☆☆☆☆☆
教师/家长寄语：	

（备注：☆☆☆☆☆棒极了！ ☆☆☆☆还不错！ ☆☆☆继续加油！）

5. 拓展延伸

为自己和家人制作一顿美味早餐，并以自己喜欢的形式记录早餐制作过程。

四、课程实施效果及反思

课堂里的作用只是劳动教育的起点，课内的作用应该在课外得到显现，在学生的日常学习与生活中得到显现。同学们将在课堂上学习的劳动技能和方法应用到生活中，让家长欣喜地看到了孩子的成长，分享到孩子的劳动成果。家长感到欣慰的同时更加支持学校的教育教学工作。教师在课堂教学前做了充分的教学准备，配合各种使用的工具及制作所用的食材。活动制作的操作步骤清晰，时间安排得很合理，每一个小组的同学都可以在规定的时间内顺利完成相应的操作步骤。在课堂实施中，能够让每一位同学参与到制作营养早餐饼的劳动中来，小组内分工合作，各司其职。在处理食材的过程中，能够听从老师的指令，注意安全。通过本节课的学习，掌握一项新的生活技能。当香喷喷的早餐饼出锅时，孩子们脸上洋溢的喜悦笑容，说明了孩子们的快乐心情。在制作的劳动活动中收获了劳动的快乐，提升了自己的生活能力。这样的课程充分践行了五一小学的办学理念，为学生的幸福人生奠基，达到了劳动课程标准对学习目标的要求，培养了学生的劳动素养。

作者：梁春玲（北京市海淀区五一小学）

案例分析

从上面的案例可以看到，教师依据学生实际需要，对该内容进行了有机整合和挖掘利用，确立了劳动课程"制作营养早餐饼"。据《中国青少年健康行为研究（2022）：基于十省市的调查数据分析》一书显示，我国青少年平均每周吃早餐的天数为3.7天，尚未达到理想状态。因此，让学生不仅吃上营养早餐，而且会制作营养早餐，是中小学劳动教师要开展的一项常规劳动教育内容。在该案例中，作者选用"制作营养早餐饼"作为授课内容，既契合学生身心发展需要，也适合小学劳动教育需要。

在本案例中，作者采用学校长期探索出的"SPACE"五步教学法进行教学实践：a. 情境创设；b. 课前准备；c. 行动实践；d. 评价反思；e. 拓展延伸。通过看图，让学生了解不吃早餐的危害。通过说一说，了解学生掌握膳食宝塔知识的多少。通过阅读学习单，了解制作的程序，了解电器如何使用。通过分组合作，完成劳动任务。这一系列教学环节和步骤，都是在基于了解学生的基础上而设置的教学内容。学生制作中，教师在教室巡视，"根据学生的需求展示重要的操作环节"。这一点非常难能可贵，一方面是学生在小组合作中，互相学习，另一方面是教师进行知识的讲解和传授。整个实践操作完毕后，学生需要运用学习到的知识进行实践操作。学习了解—实践学习—实践运用，形成了一个完整的闭环操作流程。

劳动展示环节，教师让学生相互学习、相互评价。通过自评，可以引导学生自我反思和自我改进。通过课后拓展，可以使其学习巩固所学劳动知识和劳动技能，进而达到学以致用的目的，让学生学会制作营养早餐，不仅能满足个人的生活需求，而且可以培养学生服务家人的意识，在服务中，学会尊重长辈、关爱他人，进而实现劳动教育效能的最大化。

了解农作物的一生

劳动世界是丰富多彩的，有的劳动能看见，有的劳动看不见；有的职业正在诞生，有的职业正在消亡。教师设计劳动课程需要注重和体现劳动的全过程，体现真实的劳动世界。依据《义务教育劳动课程标准（2022 年版）》文件精神，教师可以向上或向下拓展延伸劳动内容，因地制宜地设计和实施劳动课程。"跟着水稻去旅行"实际上涵盖了任务群 3 "烹饪与营养"，任务群 5 "农业生产劳动"，任务群 9 "现代服务业劳动" 等任务群，针对 "跟着水稻去旅行" 进行课程设计，不仅可以让学生了解劳动的全过程，而且在劳动中可以让学生亲身体会劳动，感受劳动的不宜，学会尊重劳动、尊重劳动者、尊重劳动成果。

一、为什么要注重劳动课程的全过程设计？

第一，有助于保证劳动内容的系统性和连贯性。通过全过程的劳动课程设计，可以确保各个阶段劳动课程内容相互衔接、逐步深入，形成一个有机整体，进而实现劳动课程的多元目标。从选种、栽种、看护、收获、加工、运输、烹饪等，可以看到农作物的一生经历了很多劳动的环节。在真实的劳动世界，"跟着水稻去旅行" 由不同的劳动构成。学生通过这样的劳动实践，可以体会劳动内容的系统性和连贯性。

第二，能够更好地满足学生个体发展需要。不同学生在兴趣爱好和能力差异上有着显著的不同，精心设计全过程的劳动课程，可以让学生找到自己喜欢的劳动，在劳动中，发现或发展自己的兴趣爱好，增长个人的智慧和能力。

"跟着水稻去旅行"劳动体验，学生会经历相对漫长的时间。在这之中，学生可以通过劳动体验，发现自己的兴趣爱好，为未来的职业生涯规划打下基础。

第三，有助于系统培养学生的劳动素养。通过全过程的劳动课程设计，可以使劳动教育目标、劳动教育内容、劳动教育实施、劳动教育的评价保持一致性、阶梯性和连贯性，进而提升学生的劳动素养。学生劳动素养的培养是一个长期的过程，通过"跟着水稻去旅行"课程的开发与实施，可以为学生劳动素养的培养提供载体，有利于培养和提升学生的综合素质和综合能力。

第四，有助于统筹协调各种劳动课程资源，以确保劳动课程的顺利实施。围绕劳动课程目标，提供丰富的劳动课程资源，需要教师在设计前认真思索和策划。在每一个阶段实施后及时进行反思，以确保下一个阶段劳动课程资源能够提供到位、足够。"跟着水稻去旅行"课程涉及面广，需要众多的资源，对于劳动教师而言，需要统筹协调各种资源，有助于提升劳动教师的管理能力。

第五，注重全过程设计符合学校育人需要。未来社会需要的是复合型人才、创新型人才。全过程设计劳动教育过程，有助于培养和锻炼人的思维能力。"跟着水稻去旅行"需要经历很多环节，让学生体验这些环节，有助于师生系统思考、创造性思考的培养。

此外，全过程的劳动课程设计有助于教师的专业发展。在设计中，需要教师考虑时间、人员配置、其他资源的使用等要素，这将有助于教师思维品质的提升。

二、如何设计让学生体验劳动全过程的课程？

劳动课程注重全过程设计，可以让学生体验付出辛劳后收获的喜悦，进而学会尊重劳动、尊重劳动者，还可以让学生养成良好的劳动习惯。很多行业的劳动分为上游产业、中游产业、下游产业，每一处产业链都由很多人的劳动共同组成，每一个人的劳动都很重要。环环相扣，才保证了人们生活的正常运行。

设计让学生体验生产全过程的课程，依据课标，以及学生实际需要，一般可从以下几个方面入手：

1. 明确课程目标，目标是劳动实践课程的行动方向和指南。

2. 设计课程内容，围绕目标选择合适的劳动内容进行设计。

3. 多路径多方式落实劳动课程内容。（1）课上课下相结合。课上更多是知识和方法的介绍，课下是实践和运用。（2）校内校外相结合。针对农业生产劳动、工业生产劳动和现代服务业劳动，有的学校不具备学生开展劳动课程的资源保障，就需要教师充分开发和应用周边的社会资源，为学校劳动课程的实施服务。（3）多学科协同推进。劳动教育具有跨学科的特点，通过多学科推进，可以丰富劳动课程的内涵，提升育人效果。

4. 采用合适的课程评价方式。合适的评价方式有助于课程目标的达成。每一阶段课程结束后，可以结合授课内容采用不同的评价方式。及时总结与反思，有利于固化经验、反思不足。围绕任务群 3 "烹饪与营养"，任务群 5 "农业生产劳动"，任务群 9 "现代服务业劳动"三个任务群，"跟着水稻去旅行"课程可以明确总目标、阶段目标、每一个阶段的劳动内容，以及相应的劳动实施方式，借助学习工具，如：劳动手册，可以把各阶段的学习连接起来。

三、课程设计注意事项

"跟着水稻去旅行"课程的全过程设计和实施会经历较长的时间，有的会经历好几个月，如果没有较为周密的设计，会使课程呈现出碎片化、简单化。为此，教师需要注意以下几点：

1. 课程实施要注意前后呼应。每一个阶段的课程实施是基于上一个阶段的课程内容，在推进此阶段课程内容过程中，教师可以引导学生适当回顾上一阶段的内容，让学生建立起劳动内容之间的联系。

2. 使用辅助工具，建立起劳动内容之间的联系：劳动全过程设计，可以借助学习单、任务单等工具，把前后劳动教育的内容联接在一起。

3. 注重让学生体会不同的职业，感受劳动，学会尊重劳动，劳动没有高低贵贱之分。此外，在劳动实践过程中，由于劳动周期比较长，学生有相对自由的劳动实践活动时间，需要教师做好学生的劳动安全教育。

跟着水稻去旅行

一、课程开发背景

《义务教育劳动课程标准（2022年版）》3—4年级任务群3"烹饪与营养"要求的劳动素养表现为："能用简单的凉拌、蒸、煮等烹饪方法，满足自己基本的饮食需求。形成生活自理能力，初步建立健康饮食的观念。具有初步的食品安全意识。能正确认识烹饪劳动的价值，形成热爱劳动、尊重普通劳动者的观念。"

我校是一所地处海淀北部地区的农村学校，很多家长就是当地的农民，但是不少学生依旧存在浪费粮食的现象。学校有着得天独厚的优势，拥有大批开阔的土地。为了杜绝学生浪费粮食现象，感受粮食来之不易，培养学生珍惜粮食、爱惜粮食的劳动品质，我校开发了"跟着水稻去旅行"课程。

二、课程总目标

1. 掌握种植秧苗、收割秧苗、脱粒碾米的基本方法。

2. 掌握简单的烹饪方法，满足自己基本的饮食要求。

3. 形成热爱劳动、尊重劳动者的观念。

4. 养成勤俭节约、不浪费粮食的习惯。

5. 培养学生的观察力，提升学生的团队合作能力。

三、课程时长

持续近半年

四、课程总体设计

表1 "跟着水稻去旅行"劳动课程总体设计表

实施时间	涉及学科	学习内容	成果呈现	课时
5月中旬	语文 道德与法治	观看与袁隆平种植水稻相关的纪录片	交流收获，写观后感	2
6月初	科学	了解水稻的历史，认识水稻苗等	记录笔记，进行交流	1
6月初	劳动	学习插秧方法，亲自实践	教师以视频形式呈现学习过程，采访学生，谈感受	2

续表

实施时间	涉及学科	学习内容	成果呈现	课时
10月中旬	劳动	收割、脱粒	教师以视频、照片形式记录，学生完成"我的水稻收割手记"	3
10月下旬	美术	绘制草帽	草帽作品	2
11月初	劳动	在学校食堂学习蒸米饭，为低年级学生打饭	照片记录	2
11月中旬	语文	走进各班开展节粮宣讲活动	演讲稿和PPT，分小组准备	1
11月中旬	美术	绘制节粮宣传画	以小组为单位，完成节粮宣传画，选出优秀作品进行展览	3

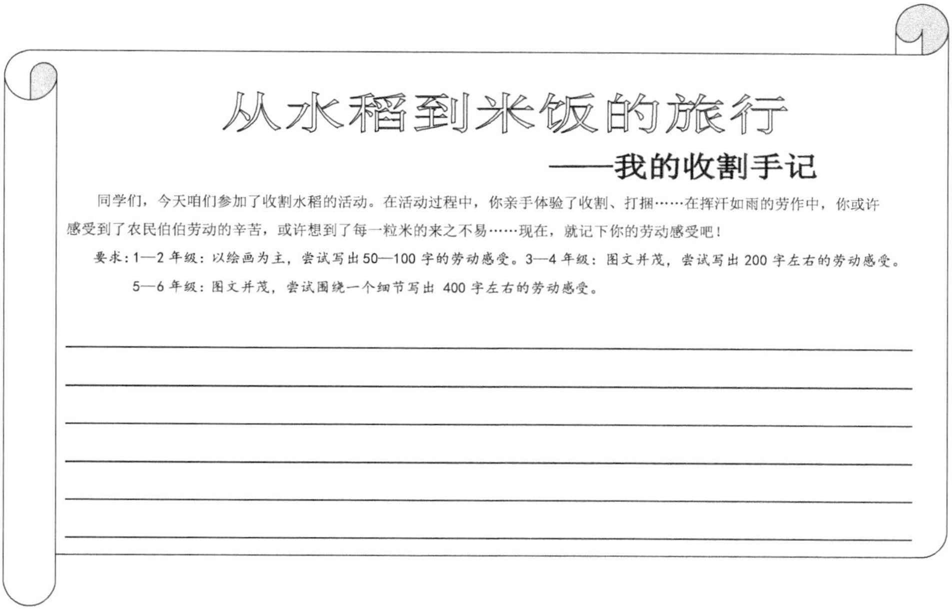

从水稻到米饭的旅行

——我的收割手记

同学们，今天咱们参加了收割水稻的活动。在活动过程中，你亲手体验了收割、打捆……在挥汗如雨的劳作中，你或许感受到了农民伯伯劳动的辛苦，或许想到了每一粒米的来之不易……现在，就记下你的劳动感受吧！

要求：1—2年级：以绘画为主，尝试写出50—100字的劳动感受。3—4年级：图文并茂，尝试写出200字左右的劳动感受。

5—6年级：图文并茂，尝试围绕一个细节写出400字左右的劳动感受。

图1 "跟着水稻去旅行"劳动课程学习单

五、课程实施主要环节

1. 教师带领学生种植秧苗、观察秧苗、收割秧苗、脱粒碾米（到工厂）。

2. 组织学生到食堂，在食堂师傅的指导下，洗米、泡米、蒸米、盛饭。

3. 组织学生总结、交流经历整个活动的感受。

六、课程实施反思

水稻课程的开发，是源于一个真实的故事。2018年5月的一个中午，我亲眼看到一个高年级的姐姐告诉低年级的小弟弟不要浪费粮食，结果引来了质疑……也正是因为这个原因，我们开发了水稻课程——"跟着水稻去旅行"。在课程设计的过程中，我们的团队不仅有教师，还有参与这门课程学习的学生。来自学生的真问题、真困惑是我们在设计课程中特别重视的。学生的真问题、真困惑是什么呢？为什么低年级的小同学不珍惜粮食呢？显然，通过简单的说教是没有用的，能够唤醒学生的节粮意识是这门课程设计和实施的重要目标之一。

作者：刘丽娜（北京市海淀区教科院台头未来实验小学）

案例分析

"跟着水稻去旅行"这个案例主要有以下特点：

1.通过设计手册，记录了学生劳动成长的轨迹。在本案例中，教师设计了"我的水稻手记"学习单，记录观察水稻的生长过程，同时也是学生学习过程的记录。在劳动实践中，学生相互学习、相互交流，促进了自身的发展和成长。

2.课程内容丰富。"跟着水稻去旅行"这篇劳动实践活动案例，充分体现了教师的精心设计。学生学习和体验了两大类劳动内容：生产劳动和日常生活劳动，经历了三个任务群：农业生产劳动、工业生产劳动、烹饪与营养，体验了劳动的全过程。

3.课程内容和学生生活密切相关。以"跟着水稻去旅行"这一课程为例，该课程的设计来源于教师发现学生浪费粮食的现象，而这种浪费粮食的现象在学生中又司空见惯，为了避免学生浪费粮食，养成勤俭节约、不浪费的习惯，形成热爱劳动、尊重劳动者的观念，结合学校校园面积大的得天独厚的优势，以及周边独有的课程资源，学校开发了这门课程。在课程实施中，学生还掌握了简单的烹饪方法，满足了学生自己基本的生活需要。

4.课程目标明确。为了满足学生了解米饭的来源，彻底解决浪费现象，教师开发了"跟着水稻去旅行"课程，在教师的设计下，学生经历了种植、养护、观察、收割、脱米、洗米、泡米、蒸米、盛饭共9个环节的劳动内容。这些内容有的是课上完成，有的是课下完成，经历了一个很长的周期，合理规划活动课程的内容就显得尤为重要。

5. 每一阶段的课程内容清晰。"跟着水稻去旅行"这一课程的实施分为两个阶段：①种植阶段，学生在教师的带领和指导下，集体种植水稻。②养护阶段，更多的是需要学生利用课下时间进行养护。教师通过设计观察单，让学生观察水稻的变化。水稻养护，可以采用自愿报名，也可以采用小组轮流看护的方式进行，让每一个学生都能参与其中。

6. 注重借助外部资源，确保课程的有效落实。该课程在实施中，教师利用周边小厂的脱粒设备，让学生亲眼目睹和实践了脱米的过程。其后，又利用学校食堂，在食堂师傅的指导下，完成洗米、泡米、蒸米、盛饭这四个环节。在这一环节，学生不仅掌握了基本的生活技能，在劳动中，还培养了学生的质疑能力，如学生在劳动中，产生诸多疑问：如何配比水？蒸多长时间才能保证蒸熟的米饭柔软好吃？等等。"跟着水稻去旅行"这一课程涉及的学科有：科学、道德与法治、语文、美术、劳动等等，多学科的渗透，有助于培养学生的实践能力和创新能力。

7. 设计了合适、贴切的评估方式。"跟着水稻去旅行"这一课程，不仅每一课有评估，整个课程结束后，教师还组织学生进行总结交流，给低年级同学讲述自己的收获和感悟，形成了良好的学生互学氛围。

读懂说明书　安全使用家电

随着科技的迅猛发展，电器给人们日常的家庭生活劳动带来越来越多的便利，使家庭生活劳动变得更加轻松、便捷、高效。《义务教育劳动课程标准（2022年版）》任务群3"家用器具使用与维护"（5—6年级）内容要求是"通过阅读产品说明书，了解家庭常用电器，如电视机、电冰箱、洗衣机、电风扇、空调等的功能特点，掌握基本操作方法。根据需求选择使用功能，规范、安全地操作。例如，使用洗衣机的不同功能洗涤不同材质的衣物；使用电饭煲的蒸、煮、炖等各项功能涉及食品制作的不同需求。"劳动素养表现则为"掌握家庭常用电器的功能特点和使用方法，在学习和操作过程中养成耐心、细心的劳动品质，形成运用现代化科技参与日常生活劳动的能力。初步养成良好的家用电器使用习惯。感受家用电器对提高家务劳动效率、提升生活品质的作用。养成在劳动中勤于观察、乐于思考的品质。"家用器具的安全使用，一方面指的是安全使用家用器具，另一方面指的是要保证使用者的安全。通常，中小学培养学生学会安全使用家用电器，可以从以下几个方面入手。

1. 学会阅读电器说明书。学会阅读是基本的生活能力，教会学生学会阅读电器产品说明书，才能使学生在日常家庭生活劳动中，使用电器时更加安全和快捷，能够应对突发情况，保障自身安全，同时让学生养成耐心、细心的品质。电器说明书主要有以下作用：可以帮助使用者了解电器的基本信息，便于后续的使用和维护；了解电器的基本功能和特点，最大化地使用电器；安全使用电器，可以避免出现故障；让使用者知悉如何保养和维修等等。

2. 学会安全使用电器。学会安全使用家用电器，这是日常家庭生活劳动的前提。在使用电器过程中，可以让学生养成良好的劳动习惯，提高生活品质。

安全、科学使用电器，可以给生活带来更多的便利。每一项科技产品都是人类创造性劳动的结晶。在使用家用电器实践活动过程中，可以激发学生会劳动、爱劳动、学会创造性劳动。通常安全使用电器，需要关注以下步骤：了解电器规格，便于在合适的环境和条件下安全使用；正确拔插插头，避免出现漏电或短路等事故的发生；避免插座过载和远离易燃物，插座承载过多的电器，容易造成短路；使用电源插座，周边有易燃物时容易产生火灾事故等等。

3.学会维护家用电器。教会学生维护家用电器的常识，可以依照使用说明书上的维护注意事项，也可以在教师的带领下，组织学生自己编创维护家用电器的口诀，在创作中，不仅可以让学生铭记如何维护家用电器，而且能有效提升学生的语言表达能力。

学会阅读电器说明书—学会安全使用电器—学会维护家用电器，这是"家用器具使用与维护"这一任务群的劳动实践活动顺序，通过这样的劳动实践，可以让学生掌握做事的逻辑性和条理性。

总之，在使用家用电器助力日常生活劳动的过程中，教师可以引导学生收集家用电器的革新和变化过程，了解科技发展给人们生活带来的改变。科技的发展还会带来家用器具的迭代更新，无论如何更新，对于中小学学生而言，都应该知道以下四点：

（1）了解家用电器的基本结构；

（2）家用电器要注意防水；

（3）电源插座功率要匹配；

（4）了解基本安全知识。

在劳动实践中，促使学生体悟和增强感知创造性劳动的魅力，增强学生在劳动中学会创造性劳动的意识。会劳动、爱劳动、学会创造性劳动，这是劳动的要义和本真所在。

安全使用家用电器

一、课程开发背景

"家用器具使用与维护"是日常生活劳动中较为常见、也是较为重要的劳动内容之一。本任务群分布在第二学段（3—4年级）、第三学段（5—6年级）、第四学段（7—9年级），其中第二、三学段聚焦在"使用"，而第四学段则聚焦"维护"，此次授课内容为第三学段。这一学段旨在通过让学生学习阅读家用器具的说明书，掌握日常生活中常见的家用器具的使用方法，能正确、安全地操作家庭常用电器，开展日常生活劳动。这一学段是整体任务群的关键学段，活动的完成既是对第二学段会使用简单家用电器的提升，同时也是为第四学段能对家用电器进行简单的维护保养、故障判断以及简单的维修打下良好的根基。通过这一任务群的学习活动，促进学生掌握一定的生活劳动技能，学会使用常见的生活劳动工具，增强生活自理能力，以及自己动手解决问题的能力。在劳动过程中乐于参与到家庭劳动之中，能主动完成力所能及的劳动，形成主动劳动、乐于劳动的习惯和品质，培养规范劳动的能力，形成安全劳动的意识，感悟劳动创造美好生活的道理，形成积极乐观的劳动精神。

5年级的学生对于家用电器并不陌生，他们在之前3、4年级的学习中已经掌握了简单的家用电器使用方法。然而，如何科学、安全地使用家用电器对他们来说仍然具有一定的挑战性。这将成为本任务群的教学重点和难点。为了帮助学生更好地掌握这一技能，教师设计了具有针对性的教学活动，注重培养学生的实践能力和安全意识。

二、课程总体目标

1.在实践活动中，感受劳动创造美好生活的道理，形成积极乐观的劳动观念。

2.通过阅读说明书，了解家庭常用电器的功能特点，掌握操作方法。

3.养成良好的劳动习惯，学会规范、安全地操作家用电器。

4.通过实践，培养学生求真创新的劳动精神。

三、课程总时长

4课时

四、课程实施主要过程

第一课时　读懂说明书　正确使用电器

教学目标

1.知道阅读家用电器使用说明书的重要性，掌握阅读方法。

2.能按家用电器使用说明书的操作步骤进行简单操作。

3.养成正确、安全使用家用电器的良好习惯。

教学准备

1.教师准备：家用电器实物、遥控器和使用说明书。

2.学生准备：家用电器使用说明书。

教学主要过程

1.了解阅读说明书的重要性

2.探究学习

（1）说明书的收藏

①分组讨论说明书的意义

②演示说明书收藏

（2）观察了解说明书的组成部分

①教师拿到说明书后，首先要看它的目录，了解它的组成部分。学生观察自己的说明书，看看大体包括哪几个组成部分。

②学生讨论，教师总结"安全注意事项"、"结构说明"和"操作使用说明"。

3.实际操作

运用今天学到的知识读懂说明书，在父母的陪同下试着使用家用电器。

4.总结反馈

小组交流实际操作心得体会。

第二课时 安全使用家用电器

教学目标

1.了解安全使用家用电器的常识,提高安全用电的意识。

2.关注家用电器安全用电的隐患,掌握触电时的急救方法。

3.通过课前的调查,认识到观察的重要性,体验合作与交流的乐趣。

教学主要过程

任务一:了解安全使用电器的常识,提高安全使用电器的意识。

观察家用电器的连接,尝试说出家庭电路的组成部分,小组讨论、交流家庭电路的组成部分及作用。

任务二:关注家用电器用电的安全隐患,掌握触电时的急救方法。

案例分享:由于家用电器的使用不当,每年都有许多火灾发生,使无数家庭经济蒙受损失,日常生活中有许多"小家电"存在"大隐患"。

课后拓展

观察家中电器使用情况,形成调查报告,提出合理建议。

第三课时 使用家电创造美好生活(美食制作大比拼)

教学目标

1.在美食制作比赛中,激发学生深度学习正确使用家用器具技巧的热情。

2.通过小组合作和讨论,培养学生的团队合作能力。

3.在实践中培养学生安全使用家用器具的意识,增强生活安全意识。

教学主要过程

设计小组合作活动,每个小组选择一种厨房家电,根据老师提供的资料和实物,小组成员合作完成该器具的使用,制作出美食。

1.指导学生如何整理关键信息,并进行合理分工,确保每个小组成员都有参与感。

2.鼓励学生主动探索和创新,可以添加一些关于家用器具的趣闻和故事。

3.小组展示和分享:每个小组展示自己的成品,并向全班分享他们的理解和体会。

教师总结

1.老师对学生的展示进行点评和总结，强调家用器具正确使用的重要性。

2.鼓励学生交流家用器具使用的理解和体会，分享经验给全班同学。

第四课时　了解我国电器发展史

教学目标

1.让学生了解家用电器的定义、分类和功能，认识到家用电器在生活中的重要性。

2.使学生掌握家用电器的发展历程，了解我国家用电器行业的发展现状。

3.培养学生关注科技发展，激发学生对科技创新的兴趣。

4.培养学生收集、整理、分析信息的能力，提高学生的合作意识和实践能力。

教学方法

通过案例分析、课堂演示等方式引发学生的兴趣，使学生吸收更多的知识。

课前查阅内容

第一部分　家用电器发展的历史回顾

家用电器的起源、发展、革命性变化

第二部分　家用电器对生活的影响

家用电器带来的便利、家用电器的科技进步、家用电器创新带来的变革

第三部分　家用电器使用的注意事项

家用电器的安全性、如何科学地使用家用电器

教学主要过程

1.导入活动

（1）教师出示一些家用电器的图片，让学生说一说这些家用电器给生活带来的便利。

（2）教师引导学生关注家用电器的种类、功能和作用，引出本活动主题。

2.了解家用电器的发展历程

（1）学生分组收集家用电器的发明时间和发明者，了解家用电器的发展

历程。

（2）学生汇报收集到的信息，教师总结家用电器的发展历程。

3. 认识我国家用电器行业的发展现状

（1）学生阅读教材，了解我国家用电器行业的发展现状。

（2）教师讲解我国家用电器行业的发展趋势，帮助学生了解我国家用电器行业的未来发展方向。

4. 拓展活动

（1）学生分组讨论：如何提高家用电器的使用效率，节约能源？

（2）学生分享讨论成果，教师总结提高家用电器使用效率的方法。

5. 课堂小结

教师引导学生总结本节课所学内容，强调家用电器在生活中的重要性，激发学生对科技创新的兴趣。

6. 课后拓展

思考如何提高家用电器的使用效率，节约能源，撰写一篇短文。

五、课程实施反思

通过本任务群的教学，学生对于家用器具的使用方法和维护要点有了初步的了解和掌握。小组合作和展示的活动环节使学生更加积极主动地参与到课堂学习中，培养了学生的团队合作意识和学习动手能力。但是，在活动过程中，还需要更加具体的案例和实践活动来帮助学生深化对家用器具使用和维护方法的理解和掌握，以及加强对生活安全意识的培养。在后续的教学中，应该注重引导学生口头和书面表达的能力，通过展示、讨论和分享，使学生不断巩固所学知识，丰富自己的生活经验。

作者：果长坤、祁雯（清华大学附属中学永丰学校）

案例分析

本案例主要呈现了两个特点：第一，教师通过层层递进的劳动实践活动内容，采用形式多样的活动形式，指导学生安全使用家用电器。授课内容分为四节课：第一节课，教会学生学会阅读说明书。教师采用讲解的方式，让学生了解电器说明书的重要性，在了解的基础上让学生学会简单使用，通过课后练习，让学生掌握电器使用的基本步骤，在家长的指导下能安全使用电器。教师的设计可谓匠心独运，一个班近40个学生，仅靠教师一两个人，很难做到安全指导。通过课外拓展，在家长的指导下，学生能进行简单的实践操作，学习目标也就易于达成。第二节课，安全使用家用电器。在上一节劳动实践活动课的基础上，教师继续指导学生安全使用家用电器，通过观察、合作探究的方式，让学生亲身体会和感悟总结安全使用家用电器的注意事项，同时，教师也指导学生掌握一些触电时的急救方法，这些举措都是学生应该掌握的基本生活技能，能够让学生受益终身。第三节课，使用家电制作美食。在这一节课，教师采用竞赛的方式，让学生通过分组合作，使用家用电器制作美食。这一教学方式，符合学生的心理年龄特征，很受学生喜欢。制作美食，涉及两个任务群，一个是"家用器具使用与维护"，一个是"烹饪与营养"，针对本任务群的课程目标，教师主要围绕家用电器的安全使用开展教学活动，可以说详略得当、主次分明。第四节课，了解家用电器的发展史。了解过去，展望未来。我国家用电器的发展史，是创造劳动的历史，记载了人们劳动和创造的历程。最后一节是总结和回顾课，有助于加深学生理解安全使用家用电器是美好生活开启的前提，有助于学生加深理解任何工具的变化，都是人类创造性劳动带来的改变。学会创造性使用家用电器，可以给生活带来更多的便利和乐趣。促使学生把书本知识与生活相联系，学会运用跨学科知识去解决生活中的问题。在这之中，可以培养学生养成勤于观察、乐于思考的劳动品质。第二，教学思路清晰，采用"学会阅读—初步使用—实际运用—再深入了解"的活动流程。教师注重课内与课外的有机衔接，如在阅读说明书以后，布置作业，让学生在家长指导或帮助下实际操练和运用。其次，注重依据学生的心理年龄优势，开展小组合作，开展制作美食大比拼活动。在活动中，劳动教育也就产生了"润物细无声"的功效。能安全成功制作美食的前提是安全使用家用电器，劳动操作环环相扣。在使用家用电器过程中，学生的劳动意识、规则意识也会自然产生。第四节课"了解家用电器的发展史"，再次让学生深入认识家用电器在日常生活劳动中的重要性，进而激发学生科技创新的兴趣，提高学生收集信息、处理信息的能力。

　　总之，针对这一任务群的课程设计，首先要注意学生的安全，学生安全为首要任务；其次，教师的讲解也很重要。劳动课程，重在实践，有时候也需要讲授式教学，在学生对学习新知识没有任何经验的情况下，需要教师采用讲授式教学。在学生具有一定的实践经验的基础上，教师可以采用先讲后做，或者边讲边做的方式教学。

精选劳动实践场所

劳动课程涵盖日常生活劳动、生产劳动、服务性劳动三大类劳动教育内容，即十个任务群。如何有效落实这门实践性强的课程，还需要教师精选劳动教育场所，采用灵活多样的授课形式，以确保劳动课程教学的全面实施。

一、授课地点在哪儿

劳动课程指的是为达成一定的劳动教育目的而形成的有组织、有计划的学习内容和活动安排，一般应包括课程目标、课程内容、课程实施、课程评价等内容。

针对"家用器具使用与维护"任务群，其授课地点可以是教室、学校、家庭、工厂、基地等地方。在什么地方授课，取决于教学的需要。在真实的场景下上劳动课，更有利于学生劳动素养的提升。真实世界劳动教育内容具有复杂性、不确定性，这给学生带来了挑战，如何迎面解决这种复杂性和不确定性，需要学生具有较高的综合素养和综合能力。当前，不少学校采用的是模拟劳动场景，让学生在模拟劳动场景中开展劳动实践。这种模拟劳动场景可以为学生提供劳动实践机会，但不利于学生综合能力的提升。针对"家用器具使用与维护"任务群，具有授课条件的学校，授课地点可以安排在学校；不具有授课条件的学校，实践地点可以安排在家庭或基地等。

二、课上与课下的关系

在推进课程实施过程中，中小学劳动教师如何处理劳动课上与劳动课下的关系，这主要依据学校的教学条件和教学资源，如果不具备相应的条件，则该课程的落实更多需要在家庭进行。课堂上，主要是查阅文献、制订计划、商讨计划，活动结束后的交流分享；课外则是执行计划。课堂更多是"学"，课外更多是"用"。学以致用，用以促学，学用相长，有利于促进学生综合素质和综合能力的提升。上好劳动课程，除了教师需要具有扎实的教学基本功，还需要教师具有较高的劳动素养和劳动能力。不同于其他学科教学，劳动课程重实践和运用，教师需要处理好课堂内外的关系。

三、谁来授课

劳动课程的指导教师可以是专职教师，也可以是兼职教师，兼职教师一般由具有一定专长的职业人士承担。在实际教学中，也可以实行"小先生"制度，让学生互帮互学，进而实现共同发展和成长。相对而言，专职劳动课程教师更能确保劳动课程内容授课的连续性，也有利于指导学生。兼职劳动教师，可以弥补专职劳动教师数量的不足，同时也有益于劳动内容的专业性和普及推广。针对任务群"家用器具使用与维护"课程，授课教师可以是劳动教师、物理教师、有专长的工作人员、热心家长等。

四、课程设计与实施注意事项

1.学会阅读使用家电说明书，这是学生必须掌握的一项终身必备的能力。学会阅读说明书，读懂说明书，才能安全使用家用电器，才能服务好自己，服务好他人。

2.了解安全使用家电的基本常识：①购买环节，要购买正规产品，注意是否有商标；②安装环节，按照说明，正确安装；③使用环节：注意避免过载，要保持清洁，注意避免潮湿，要正确拔插；④维护环节：要定期检查，及时维修。

3.授课形式：可以采用任务型教学，也可以采用小组探究式推进课程的实施，注重知识学习与实践操作相结合。

4.要及时进行总结与交流，通过总结与交流，让学生相互学习，相互借鉴，同时也便于教师进行经验总结，为下一阶段的教学做铺垫。

总之，无论是"家用器具使用与维护"，还是其他任务群，劳动课程内容均会涉及多个领域，做深做实劳动教育是一个系统工程，需要家校社协同推进，更需要相关部门携手为学校提供安全的、丰富的、可选择的劳动实践场地，为劳动课程的落实提供物质保障和支持。

典型案例

小家电，大作为

一、课程开发背景

在现代快节奏的生活中，小电器的普及为人们的日常家务劳动提供了极大的帮助，但同时也引起了一些使用不当和维护不足的问题。针对这一情况，清明节前夕，首都师范大学附属定慧里小学三（2）班举行了一次特别的劳动实践活动，旨在引导学生正确使用和维护家用小电器，培养他们的劳动技能和家庭责任感。

二、课程目标

本活动旨在让学生掌握1—2种家用小电器的正确使用方法，并通过实际操作参与家庭日常劳动，从而提升学生的劳动技能，增强学生的家庭责任感。

三、课程实施主要过程

（一）前期准备工作

在活动开始之前，教师团队依据活动目标制订了详细的学习单（表1）。学习单内容涵盖了前期准备、实践步骤、实践感受以及学生的变化等板块，确保学生能够全面地参与并且获得有效的学习体验。

表1　学习单

劳动体验任务单	
任务目标	通过本次任务单的完成，掌握1—2种小电器的正确使用方法，并参与家庭日常劳动，培养劳动技能和家庭责任感。
任务内容	1.选择并正确使用至少一种家用小电器，完成指定的家庭劳动任务。例如，使用吹风机为家庭成员或自己吹干头发，或使用吸尘器清理家中的灰尘。 2.至少正确使用厨房里的一种小家电，参与烹饪家庭晚餐，如使用电饭煲煮饭或使用电烤箱烘焙。
重要提示	请确保你在父母或监护人的指导下操作任何家用电器。 在开始任何家务劳动前，请先阅读和理解电器的使用说明书。 注意安全操作，防止触电、烫伤等安全事故。

劳动实践指南			
家庭劳动任务名称			
前期准备			
实践步骤			
实践成果 （感受）		劳动实践后 我的变化	

任务评价表			
评价内容	自评	家长评	老师评	同学评
劳动技能				
劳动态度				

（二）发布任务

教师在班会上向学生介绍了活动的背景和重要性，确保每位学生都能够理解任务内容，并在父母的监护和指导下安全操作电器。教师也向学生说明了详细的评价标准，让学生体会到做事情目标清晰的重要性。

（三）学生活动

学生在家长的指导下，选择并正确使用家用小电器，如吹风机、吸尘器、电饭煲等，参与家庭日常劳动。学生主要参与的劳动有做饭、使用空气炸锅制作美味佳肴、用吸尘器清洁房屋等。通过这些活动，学生一方面掌握了小电器的正确使用方法，另一方面也亲身体验了劳动的乐趣和成就感。

（四）总结交流

学生在完成劳动后，借助幻灯片、小视频等方式从劳动过程、遇到困难、如何克服困难以及劳动感受四个方面对本次主题活动进行回顾和总结。

四、课程实施反思

借助学习单中的前期准备、实践步骤、实践感受以及学生的变化等板块可以发现学生在本次家用器具使用与维护任务中获得了显著的成长和改变。

劳动意识是劳动教育的基础，在劳动教育中起到了基石的作用。学生参与活动后，表现出积极参与劳动的意识，比如自发地承担家庭中清扫、烹饪等任务，而不是仅仅因为活动的要求。这一点在学生的自评和家长评中得到了反映，在日常家务、学校班级劳动中学生的表现更加积极，体现出认识劳动以及愿意投入劳动的意识和态度。一位同学在感受中这样写道："通过这次活动，我深切体会到劳动不仅是生活的需要，更是一种学习和成长的过程，让我学会了感恩与责任。"这正体现了本次活动的深远意义，学生能从劳动中学习和成长，感悟到责任与感恩，说明他们已经迈出了成为负责任、有爱心的人的重要一步。

学生还学会了先规划再操作的劳动习惯。在活动开始时，他们首先阅读了电器的使用说明书，懂得了先做好准备工作才能确保安全高效地完成劳动任务。这不仅增强了学生的安全意识，还提高了他们的劳动效率和质量。同时，学生体会到了父母的不容易。在亲手做饭、清洁家庭环境之后，他们更加理解了父母每日为家庭付出的辛勤劳动，参与活动的学生纷纷表示："平常我们习以为常的餐桌上的佳肴、衣橱里整齐的服装，每一处细节其实都承载着父母深沉的爱与默默的付出。"这种感恩心态在活动结束后的反思中体现得尤为明显。

更重要的是通过劳动实践，学生获得了成就感。一些学生在活动结束后分享了他们的体验，提到一开始对使用新电器感到紧张，但完成劳动任务后感到非常开心，他们觉得自己在这个过程中成长了。在感受中学生提到："通过这次烤土豆条，我不仅体会到了父母做饭的艰辛，也体会到了劳动的快乐。以后我要多尝试做饭，争取做更多的美食与家人分享。"这种正面的反馈促进了学生自信心的建立。

本次家用器具使用与维护任务的一个亮点是对学生劳动教育的深入推广和

实践，让学生在真实的家庭环境下学会了家务知识及技能，并感受到劳动的快乐。通过自评、家长评、老师评和同学评，学生对活动有了多角度的了解，这种多维度的评估不但能让他们更好地了解自己的进步，也能帮助他们建立起对劳动的尊重和家庭责任感。

作者：李越、谭丛（首都师范大学附属定慧里小学）

案例分析

纵观本案例，主要呈现以下特点：

1. 注重任务群的整合，采用任务型教学，关注学生学习兴趣。"小家电，大作为"这一案例，涉及"烹饪与营养"和"家用器具使用与维护"两个任务群。教师通过发布任务的方式，让学生自己选择喜欢的劳动实践任务，在家按照相关规定完成劳动任务。学生在家长指导下，阅读说明书，按照操作顺序进行劳动实践。学生对于劳动实践有各种各样的感受，这些感受都是学生宝贵的学习经历，只有在一次次的实际操作中，学生才会掌握相应的劳动技能，也才会逐步培养起相应的责任和担当。家电使用操作，可以在家完成，也可以在校完成。

2. 发挥课堂教学优势，注重课上课下联系。课上强调活动的重要性，确保学生理解任务、重视安全等，确保学生明确活动目标，注重活动的顺序。课下，在家长的指导下，学生尝试安全使用家用电器，并记录自己的学习过程。课上，集体汇报和交流学习体会，相互学习，相互借鉴。在交流中，形成新经验、新智慧。

3. 注重发挥集体智慧。劳动课程内容的广度决定了高质量完成劳动教育课程需要教师集体智慧，学校依据活动目标和教师团队的智慧，制订了详细的学习单。学习单可以引导学生获得全面而有效的学习体验。依靠集体智慧，制订学习单的过程也是一次专业发展和专业成长的过程。在校，主要是由学校劳动教师完成劳动教育的授课任务，指导学生领会和了解劳动实践活动的意义，知晓相关的劳动活动内容，以及劳动实践后，组织学生进行经验交流。在家劳动实践，家长实际上承担起了劳动指导教师的角色。通过家庭劳动实践，不仅可以提升学生的劳动实践能力，而且可以增强亲子关系，形成良好的家校合作关系，为学生的健康成长提供更多的可能。劳动实践后的交流环节，教师如何组织很重要。在本案例中，教师设计的环节不仅有发布任务如何做，而且有实践成果和劳动变化。通过交流，可以让学生明白"三人行，必有我师"，在相互学习和交流中，促进自身的成长。

劳动观察记录手册

　　学生劳动观察记录手册的设计与实施是为了记录和评价学生劳动实践和劳动实践活动后的表现，以此了解和追踪学生通过劳动教育活动后的劳动素养发展状况。学生劳动观察记录手册一般用于大主题、长周期的项目。学生使用劳动观察记录手册，能够把不同阶段的劳动实践活动有机联系在一起，为学生的劳动实践活动提供学习便利。

一、劳动观察记录手册的价值

　　劳动观察记录手册的价值主要体现在：

　　1. 对于学生而言，其可以记录学生的劳动实践全过程，是学生劳动实践的见证，便于学生不断反思自我，认识自我。

　　2. 对于教师而言，教师可以依据手册，观察和了解学生的兴趣点和爱好，进而调整教学内容，为提升学生劳动素养提供依据。

二、劳动观察记录手册的设计

　　1. 目的要明确。农业种植大都要经历很长的一个周期，设计学生劳动观察记录手册，有助于学生完成农业生产劳动的实践与学习。通过记录，培养和提升学生劳动素养。在进行校本化设计的时候，既需要有课程总目标，也需要因地制宜地设计学期学习目标，以及课时学习目标。

　　2. 内容要贴切。选择的劳动内容要契合学生的实际需要，劳动内容是为达成劳动目标而服务的，劳动实践手册为劳动目标、劳动内容服务，其可以完整地记录劳动实践过程和劳动目标达成情况。开展窗台小种植，适合于所有中小学，特别是居住在城市的学生。由于空间所限，学校很难开展农业生产种植，开展窗台种植，无疑是一种很好的尝试。通常教师一般会选择适合在室内生长、有美化作用、有利于学生观察的植物。

教师开展窗台种植劳动实践活动，需要关注以下几个要素：

（1）种植的植物选择。选择什么植物种植，需要考虑学生心理和年龄特点，考虑特定的空间、特定的环境，以及季节等要素。

（2）学生的任务分工。劳动空间、劳动对象有限，如何让每一位学生都能参与其中，需要进行小组分工和小组合作。对于低年级学生，教师可以进行分组安排；对于高年级学生，可以随机分组，也可以制订分组，还可以进行自由组合。总之，围绕每一位学生的劳动目标达成，教师可以采用不同的分组方式。

三、劳动观察记录手册的使用

学生劳动观察记录手册的设计要从便于师生使用的角度进行设计，通常应遵循三个基本原则：

1.有趣。手册设计要考虑学生年龄特点，选择适合学生的方式进行记录，让学生喜欢使用、爱使用；低年级学生可以使用卡通图画的方式进行记录，高年级学生除了使用量化方式记录外，还可以采用质化方式记录。

2.有用。通过学生使用学生劳动观察记录手册，可以让教师追踪了解学生的劳动素养变化，同时促使学生学会不断反思和总结劳动实践状况，在反思中能够不断改进自身的行为。

3.有意义。通过使用学生劳动观察记录手册，让学生明白记录的价值和意义，了解劳动的过程。从"要我劳动"演变为"我要劳动""我爱劳动"，进而保证劳动实践的连续性，以及感知劳动实践给自己带来的变化。

四、劳动观察记录手册使用注意事项

1.定期观察，收集数据。在特定时间对植物进行观察并记录下相应的数据，以此了解植物生长状况，不仅可以培养学生的意志品质和良好的劳动习惯，也便于教师及时了解学生的劳动实践状况，进而做到因材施教。

2.分析结果，制订改进计划。教师需要积极分析学生劳动观察记录手册的使用状况，以便及时改进教育行动计划，使其符合学生学习需要。

总之，劳动观察记录手册，宜采用量化、质化相结合的方式进行。量化是为了更准确地了解事物的本质和规律，同时也便于统计，质化是为了了解学生的行为和情感的变化，而采用多主体评价通常指的是自评、同学评、师评，使评价更加客观公正。

典型案例

"十二生肖花"的观察、养护与种植

一、课程开发背景与思路

农业生产劳动任务贯穿义务教育阶段1—9年级，开展农业生产劳动教育，要从地方和学校的现有条件出发，围绕培养担当民族复兴大任的时代新人，形成具有综合性、实践性、开放性、针对性的农业生产劳动课程与教学体系，在劳动实践中教育引导学生懂得劳动最光荣、劳动最崇高、劳动最伟大、劳动最美丽的道理，树立"劳动是一切幸福的源泉"的观念，增强热爱劳动人民的思想感情。

学校的特点是空间较为狭小，无法为学生开辟种植基地或班级种植角。所以德育部门与劳动教师商议后，决定在班级内开设窗台课程，在班级的窗台上进行"小种植"，其中"小种植"以"十二生肖花"的方式呈现，在劳动教师的引领下，各年级完成不同程度的窗台种植任务，在美化班级环境的同时，丰富了学生的劳动教育途径。其中各年级开展"十二生肖花"种植活动，是以中国传统文化的"十二生肖"为基础，打造班级特色窗台种植活动，学生在校六年时间，共十二学期，分别对鼠尾草、牵牛花、虎尾兰、月兔耳、龙吐珠、蛇莓、马齿苋、羊角芹、猴面小龙兰、鸡冠花、狗牙花、蓝猪耳进行观察、养护和种植。每学期利用劳动课时间，由教师引导学生查找、了解和讲解十二生肖文化知识，各年级对应生肖花的观察、养护、种植任务。

二、课程总目标

1. 劳动观念：通过"十二生肖花"的种植活动，懂得"一分耕耘，一分收获"的道理。

2. 劳动能力：通过"十二生肖花"的种植活动，培养植物种植能力。

3. 劳动习惯和品质：通过"十二生肖花"的种植活动，养成认真负责、有始有终、团结协作的劳动习惯和品质。

4. 劳动精神：通过"十二生肖花"的种植活动，形成不怕脏、不怕累、精益求精、坚持不懈的工匠精神。

三、课程实施过程与方法

"十二生肖花"共12节课；1—6年级每学期1节课1种生肖花，低年级学生以观察植物的生长变化为主；中年级以植物的养护为主；高年级以植物的种植为主要内容，在小学六年内对十二种不同的植物进行观察、养护、种植的学习。让学生在弘扬传统文化的同时，体会劳动的魅力。

以"月兔耳"课程为例：

教学目标

1. 劳动观念：通过小组合作，共同观察、养护、种植多肉植物——月兔耳，初步形成热爱生命、尊重自然、遵循植物生长规律和季节特点进行科学劳动的观念。用多肉植物美化我们的班级，树立用劳动创造美的观念。

2. 劳动能力：通过小组合作，共同观察、养护、种植月兔耳，掌握多肉植物的观察记录方法与养护、种植常识，并制作月兔耳植物养护卡。

3. 劳动习惯和品质：在观察、养护、种植的过程中，学会与他人合作劳动的习惯，养成对劳动认真负责的品质。

4. 劳动精神：在观察、养护、种植的过程中，养成坚持不懈、精益求精的工匠精神。

教学活动

环节一：认识小小月兔耳

活动意图：组织学生通过查阅资料、观察等方式，深入了解多肉植物月兔耳的特点，并为后续的养护卡制作提供相关资料。

环节二：了解植物养护卡

通过小组合作了解植物养护卡的作用，掌握多肉植物的养护、种植常识。并形成热爱生命、尊重自然、遵循植物生长规律和季节特点进行科学劳动的观念。

环节三：可爱多肉我来栽

学生以小组合作的形式，亲手完成种植的过程及植物养护卡的制作，在劳动过程中学会与他人合作劳动的习惯，养成对劳动认真负责的品质。

环节四：传统文化我传承

通过描述对"十二生肖花"的理解，说一说劳动的感受，在弘扬传统文化的同时，体会劳动的魅力。

环节五：劳动习惯我保持

通过拓展活动，让学生保持对月兔耳的探究，养成持续学习、终身学习的良好品质。

学习与拓展

1.利用课后时间，继续观察月兔耳的生长过程并进行记录（见《劳动观察记录手册》）。

2.课下查阅资料，看一看还有哪些与"兔"生肖有关的植物，与同学们分享。

四、课程实施反思

植物种植是一个较为漫长的过程，以月兔耳为例，从认识植物到种植，再到植物生根繁殖，要经历半月的时间。不能仅用一张任务单来记录植物的变化过程，所以在设计时，我们设计了连贯的观察、记录过程。首先让同学们认识"十二生肖花"，接着针对本课设计前置学习，因为3、4年级主要以植物养护、种植为主，所以将月兔耳的观察设计为前置学习。课中设计了种植方法的记录及小组讨论的分享。课后，学生将完成自评与持续的养护、观察记录。通过活动手册能让学生体验、记录完整的种植过程。

劳动观察记录手册

课前预习-前置学习单：

请你查阅有关多肉植物月兔耳的资料，通过视频或实物的观察，完成以下表格。

"十二生肖花"——月兔耳前置记录单

植物名称：月兔耳	观察者姓名：	观察时间：
植物写真 （绘制或贴照片）：	形状特点：	
	颜色特点：	
	叶片特点：	
	土壤条件：	
	水分条件：	
	光照条件：	
	生长温度：	

课中任务-实验记录单：

请认真观看有关"十二生肖花"——月兔耳种植方法视频，并完成以下记录。

"十二生肖花"——月兔耳种植方法记录

	扦插法	叶插法
土壤状况		
种植对象		
种植方式		
光照条件		
生长周期		

课中分享-小组齐汇报：

在种植月兔耳的过程中，你们小组遇到了哪些困难呢？你们是如何解决的呢？

通过学习"十二生肖花"——月兔耳观察、养护与种植，你们有什么劳动感受呢？

课后观察-种植记录表：

	第一周	第二周	第三周	第四周
劳动内容				
植物变化				
劳动感受				

	第五周	第六周	第七周	第八周
劳动内容				
植物变化				
劳动感受				

	第九周	第十周	第十一周	第十二周
劳动内容				
植物变化				
劳动感受				

课后反思—自我评价表：

"十二生肖花"——月兔耳观察、养护与种植学习自评表

评价内容	评价得分
劳动观念（热爱生命） 　　能够通过小组合作，初步形成热爱生命、尊重自然、遵循植物生长规律和季节特点进行科学劳动的观念。	☆　☆　☆　☆　☆
劳动能力（种植技巧） 　　能够通过小组合作，掌握月兔耳的观察记录方法与养护、种植常识。	☆　☆　☆　☆　☆
劳动习惯和品质（小组合作） 　　能够在劳动的过程中，学会与他人合作劳动的习惯，养成对劳动认真负责的品质。	☆　☆　☆　☆　☆
劳动精神（坚持不懈） 　　能够在劳动的过程中，养成坚持不懈、精益求精的工匠精神。	☆　☆　☆　☆　☆

作者：宋博、张萌（北京市海淀区实验小学）

案例分析

1.在"月兔耳"课程中，教师结合学生年龄特点以及开展的种植实践活动，确立了以下学习目标：

（1）初步形成热爱生命、尊重自然、遵循植物生长规律和季节特点进行科学劳动的观念；树立用劳动创造美的观念。

（2）掌握多肉植物的观察记录方法与养护、种植常识，并制作月兔耳植物养护卡。

（3）学会与他人合作劳动的习惯，养成对劳动认真负责的品质。

（4）养成坚持不懈、精益求精的工匠精神。

在小学六年的学习时间里，每一个学期结合季节，学生需要种植和看护一种植物。劳动观察记录手册，可以很好地记录学生学习的过程，促使学生不断反思目标达成情况。

2.本案例中，作者选用的是"月兔耳"，其适合于在教室窗台花盆里种植。在小学六年的各学期里，学生要学习掌握12种植物的种植、观察和养护，这12种植物又和十二生肖紧密联系在一起，很好地做到了"劳育＋传统文化"的有机融合，同时做到了以劳促美，让学生在劳动中感受辛勤劳动的美好，感受劳动创造美的喜悦。

3.在本案例中的"十二生肖花"课程，共12节课；1—6年级，每学期1节课1种生肖花，低年级学生以观察植物的生长变化为主；中年级以植物的养护为主；高年级以植物的种植为主要内容，在小学六年内对十二种不同的植物进行观察、养护、种植的学习，让学生在弘扬传统文化的同时，体会劳动的魅力。无论是观察、养护还是种植，都需要学生使用劳动观察记录手册进行记录，以了解植物的生长状况，以及学生在养护中的所看所思所想。

校外学农基地的课程开发

　　校外劳动教育基地是学校劳动教育的延伸，校外劳动教育基地对于学校开展劳动教育有着不可替代性，其为学生在真实场景下开展劳动实践活动提供了相应的资源保障和支撑。校外劳动教育基地课程的质量，直接影响学校劳动教育成效。

　　如何提升基地劳动课程开发的质量，使其能满足学校开展劳动教育的需要，可以从"三有"入手，让基地课程开发做到有趣、有用、有意义。

　　1. 有趣。有趣是基地劳动课程建设的前提，其包括内容和形式都需要具有趣味性，以促使学生愿意参加劳动、喜欢劳动、热爱劳动。要保证基地劳动课程内容的趣味性，需要劳动教师精心选择和设计，以确保其适合学生发展的需要。选择的内容属于劳动教育基地独有的课程资源，是学校所不能提供的。从形式上来说，基地劳动课程的实施需要具有挑战性，符合学生心理年龄特征。依托基地资源，挖掘基地课程的独特性，是确保基地课程有趣的前提。

　　2. 有用。基地课程建设需要做到"有用"，如何体现有用？首先，要从学生视角出发，建设基地课程内容。大多数劳动教育基地都有自己的课程，但对于学校而言，需要的是符合学校育人需要的课程，如何实现劳动教育基地课程的个性化，这就需要学校教师与基地协商，进行校本化改造，以符合学校劳动教育的需要。其次，基地劳动课程建设还需要紧密结合学生的日常生活，从熟悉的人、事做起。"谁知盘中餐，粒粒皆辛苦"，对于从小生活在都市的学生来说，鲜有耕作的机会。而基地则可以为学生提供这样的劳动环境和氛围，提供动手实践的机会，提供与农业专家、农业技术人员面对面交流的机会。

　　3. 有意义。基地课程建设要做到有意义，除了确保基地劳动课程与学生日常生活相关，还需要确保基地劳动课程与学生未来职业生涯密切相关。通过基地劳动课程着力培养学生的创新能力、团队合作能力等劳动素养。让学生在实践中学习、在学习中实践。通过到基地开展劳动实践活动，学生可以接触和了解行业动态及职业发展前景。

课程是实现育人目标的重要载体。当前，很多校外基地课程出现了同质化、单一化现象，鲜有创意。同质化，表现为所有基地课程几乎一样；单一化，则是面对不同年龄段的学生，基地使用的都是相同的课程。显然，这样的基地课程对于提升中小学学生劳动素养是不利的，需要中小学教师积极介入。以"协商"方式，构建适合学校的独有的基地劳动教育课程，充分发挥基地课程的育人价值。

4. 其他注意事项。劳动教育基地课程开发还需要注意以下几点：

（1）适切性。在基地劳动教育课程建设中，还需要教师考虑学校的实际情况，因地制宜设置合适的劳动教育课程。如：多长时间到基地开展一次活动，让学生亲身感悟基地独有的劳动氛围。

（2）科学性。如何保证基地课程内容的连续性、相关性。基地课程内容的连续性，主要指的是确保每一次基地劳动教育都是在上一次劳动教育的基础上开展，以确保劳动内容的渐进性。相关性指的是校内劳动教育课程与基地劳动教育课程要保持一定的关联性，以确保学校劳动教育课程内容的系统性。

（3）融合性。在基地课程建设中，融入语文、数学、美术、体育等学科知识，确保德智体美"四育"的有机融入。此外，基地劳动教育课程的建设还需要考虑学生的安全，基地需要有一定的安保举措，以确保基地劳动教育课程的顺利实施。

（4）共赢思想。秉承"求同存异"的原则，开展基地劳动教育实践活动。每一个行业都有自己的专业性，基地课程建设需要教师与行业专家跨界合作，共同设计课程，共同推进课程。

为了确保基地课程的有效落实，还需要教师做好行前、行中、行后的设计。在劳动基地，由于受到环境、场地等多方因素的影响，导致学生的听讲环境不同于教室的环境。需要中小学教师协助基地教师组织学生听讲，开展相应的活动任务。在基地，一般教师授课的站位为以下两种：

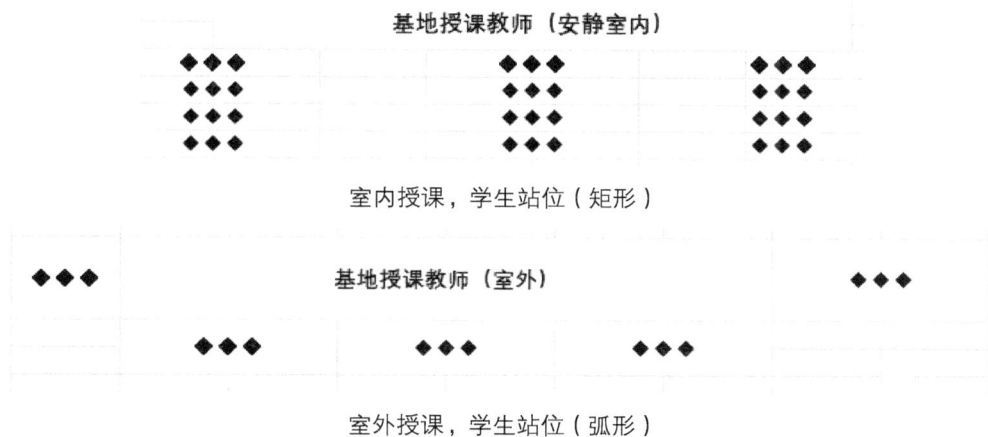

基地授课教师（安静室内）

室内授课，学生站位（矩形）

基地授课教师（室外）

室外授课，学生站位（弧形）

图 1　基地授课，师生站位示意图

在安静环境下，一般宜采用矩形站位，便于教师授课和组织教学；在嘈杂的室外，教师可以采用半弧形站位，便于学生能听清教师的讲解，同时也便于教师组织教学。在基地活动，中小学教师要做好助教工作，协助基地教师指导学生开展劳动教育实践活动。

典型案例

京西稻

一、课程开发背景

北京一零一中石油分校结合北京特色农业文化遗产京西稻和学生实际设计了"京西稻"课程，这是一门跨越多学科知识、重实践参与、培养学生解决问题能力的综合课程。学校把京西稻作为研究载体，以认识水稻、种植水稻、研究水稻为研究思路，进行一年三季、从教室到稻田的校外综合实践活动。该课程让学生了解京西稻的历史和种植技术，全程参与水稻插秧、日常管理、养护和收割过程。学生通过深度参与京西稻的种植过程，在劳动中感受农业文化遗产的魅力，了解农作物生长的规律和农业生产的劳动技能，最终达到培养学生勤俭节约、笃行勤奋的劳动品质的目的。

总之，学校利用京西稻种植保护区，让学生走出校园，感受真实的劳动情境，学生能够在感受京西稻文化的同时，体验式学习水稻的种植、养护、收割，感受劳动的全过程。在田间地头的劳作中，学会劳动、尊重劳动、热爱劳动。

二、课程开发目的

1. 了解京西稻的历史和水稻"进化"过程。

2. 了解水稻种植技术，体验插秧过程。

3. 体验水稻养护技术，了解如何除草、农药的化学成分。

4. 体验水稻收割，了解收割后的处理及保存方法和农耕文化中的重要农具。

5. 体会劳动的乐趣，尊重生活中自己和他人的劳动成果，养成热爱劳动、热爱家乡的品质。

三、课程实施主要过程与方法

学校"京西稻"课程策划、管理团队教师与京西稻保护性种植区负责人协商，为北京一零一中石油分校学生单独提供约半亩地的场地，进行京西稻种植、养护、收割全流程体验。

课程共分三次：春季，学生来到种植区，学习如何种植水稻，进入稻田，感受劳动的不易；夏季，除草、喷洒农药、养护自己亲手种下的稻苗，学会尊重劳动；秋季，收割、脱粒、扎稻草人，体会劳动的快乐，真正热爱劳动。

学生在实际生活中只见过已加工好、能够直接食用的大米，对于大米的"一生"并不了解，结合这一实际问题，课程策划的老师们选择了制作"水稻进化盒"这项活动，在指导老师的帮助下，学生了解稻谷不同阶段的名称，学会识别稻谷、谷壳、米糠、糙米、粳米、米粉，自制"水稻进化盒"。农业现代化是指从传统农业向现代农业转化的过程和手段，农业现代化越来越受到人们的重视。结合学生目前基本接触不到农业机械、不了解农业现代化发展的进程的现实问题，学校利用京西稻保护性种植区资源，让学生使用镰刀手工收割稻谷，体验古法"舂米"、脱粒。观看影片，认识现代农业机械，了解机械化、科学化在水稻种植过程中如何操作。

京西稻作为曾经的"御稻"，是中国重要的农业文化遗产，是北京人难以割舍的情怀，更是京西文化的靓丽名片。学校结合京西稻文化和海淀文化，要求京西稻保护性种植区为学生宣讲京西稻的发展历程、海淀玉泉山的地理特征、水稻分蘖期的生长特征等，并为学生设计了趣味答题，学生从京西稻的历史、文化，种植知识，水稻的生物、地理知识等不同角度进行学习，实现学生的知识需求。

学校管理团队教师和保护区指导教师共同为学生精心设计了稻田运动接力赛，每位学生手推独轮车、肩扛长扁担，体会农民劳作的辛苦，利用脱粒后的稻草茎秆，制作稻草人。在三次课程的最后，种植区为学生提供了自己亲手收获的大米，学生在"京西稻"文化体验课程中更好地学会了劳动，尊重劳动，热爱劳动。

四、误程经验

1. 课程开发与应用原则：服务学校师生

学校要为学生成长服务，往往要尽量挖掘校外资源，尽其所能为教育教学一线提供帮助，但校外资源往往有许多干扰因素，给学校一线师生带来不必要的麻烦，甚至与学校课程研发的目标背道而驰。因此，京西稻课程研发团队教师本身要有防火墙的功能。

校外资源的特点往往有忽略各校学生差异、脱离国家课程要求的特征。因此，对于校外资源的开发与利用既要高度重视，又要具体分析，不可机械照搬，一刀切地直接应用在教育教学一线。

2. 以"协商"方式，最大化地满足利益相关方诉求

协商是学校挖掘校外资源的重要方式。为了最大程度地整合多学科国家课程内容，结合学生实际情况，保障学生在课程中实际获得，"京西稻"课程研发团队教师们既要整合校外资源的资源供给，又要将课程标准与师生需求对接。所以，协商就是重要的工具。协商的根本就是寻找学校与校外资源的共同利益。

"京西稻"课程研发团队教师们分析各方面的诉求，发现其背后根本的利益。"京西稻"课程研发团队的诉求：第一，可以提供持续一年三季京西稻种植的场地需求；第二，学校也需要京西稻保护性种植区配合课程需求，确保体验学生京西稻种植的全流程；第三，让学生深度体验京西稻农业文化遗产。

京西稻保护性种植区管理团队的根本需求是希望更多年轻人能够走进京西稻，了解京西稻农业文化遗产。找到双方共同诉求后，研发团队充分尊重一线师生的需求，充当防火墙的功能，根据国家课程的标准，融合多学科需求，协同为学生发展服务。

作者：孙午（北京一零一中石油分校）

案例分析

纵观这篇案例，主要有以下特点：1. 充分挖掘和应用本土劳动教育资源。"京西稻"案例中，京西稻作为"御稻"，是中国重要的农业文化遗产，也是海淀独有的文化遗产。《义务教育劳动课程标准（2022年版）》任务群4"农业生产劳动"（7—9年级）内容要求为"体验当地常见的种植、养殖等生产劳动。选择1—2种优良种植或养殖品种，开展系列化种植或养殖劳动实践，如组合盆栽、农副产品保鲜与加工、水产养殖、稻田养殖等，体验先进的种植、养殖方式和方法。了解中国传统农业特点，分析现代农业与传统农业的区别，理解种植、养殖与生活及经济的关系。"素养表现为："初步掌握根据当地条件和需求，规划设计种植、养殖劳动活动并加以实施的基本技能，形成热爱农业生产、关心农业发展，以及注重农业安全、食品安全的意识，形成辛勤、诚实、合法劳动及进行创造性劳动的劳动品质。"开发"京西稻"课程，不仅可以有效推进学校劳动教育，而且可以开展"劳动＋传统文化"教育，对学生进行乡土文化教育，了解家乡的风土人情，进而激发学生热爱家乡、建设家乡的情怀。

2. 注重体验劳动全过程。在"京西稻"这一案例中，我们可以看到在学校和基地的共同努力下，基地课程内容包含：传统农业体验、了解现代农业；授课形式不仅有动手实践，使用镰刀手工收割稻谷，体验古法"舂米"、脱粒，而且有观看影片，认识现代农业机械，了解机械化、科学化在水稻种植过程中如何操作等等。京西稻是国家农业文化遗产，具有独特的区域特征。其从哪里来，要到哪儿去，对于学生而言，需要学生在劳动中调动各学科知识，才能有效探索和完成这一命题，其涉及生物、科学、语文、数学等知识。在"京西稻"课程案例中，学校以协商的方式积极介入，找到基地和学校的共同需求点，聚焦共同点，共同开发了符合本校学生需要的"京西稻"课程，该课程实行大主题、长周期，以项目式方式推进劳动教育。课程共分三次：春季，学生来到种植区，学习如何种植水稻，进入稻田，感受劳动的不易；夏季，除草、喷洒农药、养护自己亲手种下的稻苗，学会尊重劳动；秋季，收割、脱粒、扎稻草人，体会劳动的快乐，真正热爱劳动。这也就最大化地满足了学校育人的需要。

3.感受"科技＋劳动"给农业生产带来的变化。京西稻是海淀区独有的农业文化遗产，通过多年的实践探索，已经走进普通百姓之家，与学生的日常生活密切相关。学生通过种植、看护、收割几个基本环节，了解了京西稻的前世今生，培养了学生的团队合作能力以及创新能力等等。此外，通过基地劳动教育课程还可以了解传统劳动以及现代农业劳动等，感受科技发明创造给人们生活带来的便利。

传承非遗文化

"传统工艺制作"是1—9年级学生的学习内容。传统工艺包括剪纸、风筝、陶艺、纸工、布艺、编织、印染、皮影、木版画等内容,其本身就是传承传统文化的很好的载体。劳动课程与非遗文化的有机融合,可以让学生在动手动脑中浸润中华优秀传统文化,在劳动中呈现美、传承美、收获美。如何实现这一任务群的学习目标,中小学教师可以从以下三个方面入手。

一、了解"传统工艺制作"的意义

传统工艺是人类文化遗产的重要组成部分,保护和传承传统工艺有助于维护文化多样性,让学生学习和了解传统工匠精益求精、勤奋钻研的劳动精神。在劳动实践中,认识传统工艺,呈现传统工艺之美,传承美,收获美,深切体悟劳动创造美好生活的道理,树立"劳动最光荣、劳动最崇高、劳动最伟大、劳动最美丽"的观念。

二、选择合适的"传统工艺制作"载体

"传统工艺制作"的载体有很多种,如何选择合适的"传统工艺制作"载体,需要教师依据个人的爱好、特长,以及身边的资源而定。同时依据学生年龄特点,开发相应的劳动课程。课程实施可以采用任务型教学,也可以采用项目式教学。制作完成的工艺品,可以采用多种方式运用到实际生活中,送给家人、老师或者学弟、学妹等,让学生感知劳动之美,感受劳动的价值所在。

三、开发"传统工艺制作"课程的注意事项

针对传统工艺这一任务群，要让学生在劳动中呈现美、传承美、收获美，教师在设计本任务群时，需要注意以下几点：

1.了解美的呈现方式不同。东方艺术讲究的是天人合一，追崇自然美；西方艺术呈现的是稳定、有序和优雅，讲究的是对称美。从人的审美视角，无论是人与物，均会呈现外在美与内在美。外在美是内在美的反映，可以通过劳动感悟和体现。

2.激发学生传承美。可以增加传统工艺传承人的故事，让学生有更加切身的体会，传统工艺传承人的工匠精神，一代代传统工艺传承人的坚持和坚守，才使很多传统工艺制作发扬光大，享誉世界。

3.让学生通过劳动创造美、收获美。教师设计劳动目标，要依据学生的最近发展区，通过设计系列任务，让学生创造美、收获美，让学生能感知和体验，进而收获内在美的传承和提升。呈现美、传承美、收获美，三者有时呈现递进关系，有时相互交融在一起。完成本任务群，教师还需要依据自身优势，根据自己所处学校的校情、学情等进行设计。如果一项传统工艺制作需要跨度很长时间，单靠一两节课不能马上完成，教师可以通过学习单、观察记录等方式，促使学生把相关活动记录在册，以确保劳动教育的连续性和层级性。

传统工艺制作往往不是一蹴而就的，需要学生精心、细心、耐心，甚至勇于接受失败。在失败中，锲而不舍，通过辛勤劳动，才会有收获，才能享受成功的喜悦。

典型案例

感受扎染魅力

一、课程开发背景

学校依据相关政策文件，在对家长、教师、学生充分调研的基础上，立足

校情学情，从劳动教育的顶层规划着手，对劳动教育的理念体系、目标体系、课程体系、实施体系、评价体系进行了系统建构，形成了具有海淀区第二实验小学校本特色的"创享+"劳动教育体系。学校从国家劳动教育政策、学校发展需求出发，着力培养学生劳动素养，在劳动教育指导理念和目标体系的指引下，围绕"创享+"这条育人主线，对三大类劳动内容、十个任务群进行校本化整合后，建构起立体化的"创享+"劳动课程体系。在课程纵向设置上，结合学校"验问+"课程体系，依据小学生身心发展规律和《义务教育劳动课程标准（2022年版）》中对学生劳动素养培养的目标要求，采取分层育人的模式，设置了"基础性—拓展性—实验性"三层课程，促进学生劳动观念、劳动能力、劳动习惯和品质及劳动精神的持续发展。

在课程的横向设置上，学校在《义务教育劳动课程标准（2022年版）》的指导下，因校制宜，从日常生活劳动、生产劳动、服务性劳动三类劳动内容出发，对十个任务群进行校本化整合，形成基于"劳动创享美好生活"理念下的五大劳动课程群——"创享生活+、创育田园+、创新工场+、创美工艺+、创益服务+"，并将家校社协同、"五育"融合等全面思考，形成"学校生活+家庭生活""农业种植+农业养殖""工业生产+新技术体验与应用""传统手工艺+非遗技艺""现代服务业体验+志愿公益劳动"的良好局面，也为学校劳动教育课程与活动的开展指明了方向，厘清了脉络，规划了路径。

以《义务教育劳动课程标准（2022年版）》的课程理念为指导，"传统工艺制作"单元任务群内容要求制订为：学生能够根据劳动需要，设计并制作扎染传统工艺作品，说明扎染传统工艺的价值，感受扎染传统工艺劳动的智慧和工匠精神，初步形成传承中华优秀传统文化的意识，形成追求创新的劳动精神。为了了解学生是否可以顺利地将小项目完成，并且达到预期的效果，课前对于班级内的36名学生进行了能力以及目标等方面的前测，发现学生对"传统工艺制作"本主题学习领域有一定基础。

二、课程目标

1.让学生了解传统工艺扎染的制作特点及发展历史，运用扎染工艺的基本扎结技法和染色技法，在日常生活物品上进行实践。

2. 通过创设情境、小组合作探究学习，学生能根据劳动需要，设计并制作简单的传统手工扎染作品，发挥学生的观察力、想象力和逻辑思维能力，增强学生动手劳动实践的能力。

3. 通过学习扎染传统工艺制作，学生能够说明传统工艺的价值，感受传统工艺劳动的智慧和工匠精神，初步形成传承中华优秀传统文化的意识，形成追求创新的劳动精神。

三、课程活动安排

1. 授课对象：5年级学生

2. 授课时长：3课时

第一课时《扎结技法，我体验》四个环节

（1）生活万花筒——扎结技法（视频介绍）

（2）趣味创享园——教师示范

（3）实践求真场——学生实践

（4）分享交流会——展示评价

第二课时《染色技法，我实践》四个环节

（1）启行智慧库——染色技法（视频介绍）

（2）劳动创享园——教师示范

（3）实践求真场——学生实践

（4）分享交流会——展示评价

第三课时《扎染工艺，我传承》六个环节

（1）创设情境，引出课题

（2）发布任务，教师示范

（3）制订劳动规划方案

（4）学生劳动实践操作

（5）展示交流，多方评价

（6）劳动感悟，拓展延伸

3. 学习评价

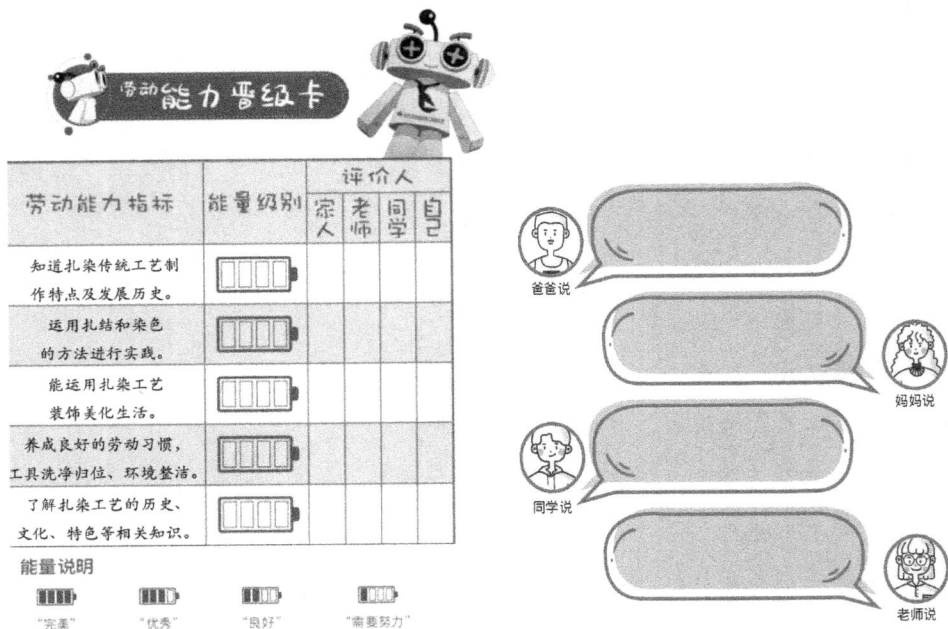

图1　劳动能力指标评价标准

四、课程实施反思

1. 学习活动设计坚持以学生为中心。课前让学生自主探究学习了解扎染传统工艺制作的历史、文化、特色等相关知识内容后，通过手抄报等形式呈现学习内容，在班内进行交流汇报。根据本单元前两课时的所学内容"扎结和染色技法和方法"，结合实际劳动需要进行劳动规划，在日常生活物品上进行扎染，学生能设计制作简单的扎染传统工艺作品。

2. 倡导丰富多样的实践方式。让学生直接体验和亲身参与，注重动手实践、手脑并用、知行合一、学创融通，倡导"做中学""学中做"，激发学生参与劳动的主动性、积极性和创造性。从现实生活的真实需求出发，亲历情境、亲手操作、亲身体验，经历完整的劳动实践过程，注重引导学生通过设计、制作、试验、探究等方式获得丰富的劳动体验，习得劳动知识与技能，感悟和体认劳动价值，培育劳动精神。

3. 学习评价设计多维、多样、多元。通过校家社三方协同开展评价，注重评价内容多维、评价方法多样、评价主体多元，既关注劳动知识技能，更关注劳动观念、劳动习惯和品质、劳动精神；既关注劳动成果，更关注劳动过程表现，重视平时表现评价与学段综合评价结合，定性评价与定量评价结合。以教师评价为主，学生、家长等参与到评价中。

作者：刘月明（北京市海淀区第二实验小学）

案例分析

一、由系统到局部，由整体到部分，由面到点

学校劳动教育体系的构建要依据各级文件政策，结合学校文化、校情、学情确立。海淀区第二实验小学结合学校的办学理念，设立了"创享+"劳动教育体系。对三大类劳动内容、十个任务群进行校本整合后，建构起立体化的"创享+"劳动课程体系。在课程纵向设置上，结合学校"验问+"课程体系，依据小学生身心发展规律和《义务教育劳动课程标准（2022年版）》中对学生劳动素养培养的目标要求，采取分层育人的模式，设置了"基础性—拓展性—实验性"三层级课程，培育和促进学生劳动观念、劳动能力、劳动习惯和品质及劳动精神的持续发展。

设计劳动课，首先需要明确这一部分学习内容在学校劳动课程体系中的位置，这样有助于教师树立起由系统到局部，由整体到部分，再由面到点的思维模式，进而有序推进学校劳动教育课程的实施。为了让自己、他人对学校劳动课程体系一目了然，可以采用图示法，让思维可视化。刘月明老师结合自己的专业特长和兴趣爱好，设计和开发课程"感受扎染魅力"，清晰地展现了自己的教学思路：第一课时"扎结技法，我体验"；第二课时"染色技法，我实践"；第三课时"扎染工艺，我传承"。

二、注重前测，精心设计，任务驱动

设计课程要注重前测，以此制订适切的、可执行的目标。制订课程目标，需要掌握和了解学生的劳动素养起点在哪儿？诊断学生的劳动素养起点，可以

采用访谈，也可以采用问卷法。在劳动课教学中，刘月明老师用流程图呈现这一课的教学环节，包括"创设情景，引出课题—发布任务，教师示范—制订劳动规划方案—学生劳动实践操作—展示交流，多方评价—劳动感悟，拓展延伸"这几个环节，让人一目了然。扎染工艺，不仅培养学生的艺术鉴赏力，还考查学生的空间感知能力，综合了美术、数学、劳动等学科知识。劳动课倡导项目式学习，以任务为驱动。在这一课，学生学习是由一个个的任务链组成：（1）展示单元学习探究作品；（2）根据个人喜好选择扎染物品并完成，在校园文化节进行展示；（3）发布规划任务单，教师适时引导学生完成个人的规划方案；（4）动手实践操作；（5）展示交流，相互学习。教师以任务单的形式，让学生在制作中感受扎染工艺的艺术美、创造美。扎染工艺作品不仅在我们日常生活中运用，而且它还承载着深厚的文化内涵和艺术价值。

三、注重培养学生劳动素养

　　培养学生劳动素养是劳动教师的教学任务。如何培养，做到润物细无声，考量的是教师的教育智慧。在这一课的教学设计中，作者采用的是让学生制作手抄报的形式，让学生通过查阅文献，了解扎染的历史、文化、特色等相关知识，然后是学生相互交流学习。这种形式有助于学生了解扎染这一艺术瑰宝从过去到现在的历史发展变迁。此外，在制作完成扎染作品后，刘月明老师还进行作品展示，让学生进一步相互学习和交流，部分作品还作为珍贵的礼物送给到校的嘉宾，让学生不仅感知劳动成果，还收获劳动的喜悦。

培育工匠精神

工匠精神是一种职业精神，是职业道德、职业能力、职业品质的集中体现，是从业者的一种职业价值取向和行为表现。其基本内涵包括敬业、精益、专注、创新等方面的内容。传统工艺作品之所以能流传，不仅是其独有的工艺作品被人们所认可，更重要的是其孕育的工匠精神，追求精益求精、专注敬业的精神被人们所赞颂。工匠精神是开展科学研究和促进社会发展的基石，推动人类文明的进步和发展。教师在落实"传统工艺制作"任务群过程中，应立足学生素质教育，培育学生的工匠精神。

一、选好课程内容

教师在开发校本课程资源的时候，可以优先考虑《义务教育劳动课程标准（2022年版）》中提及的活动内容和活动建议，之后结合学校的校情、学情，因地制宜开发校本课程。开发这一任务群课程，首先要思考：什么是传统工艺？"传统工艺指的是世代相传，具有百年以上历史以及完整工艺流程，采用天然材料制作，具有鲜明民族风格和地方特色的工艺品种和技艺。"因此，选择"传统工艺制作"要考虑学校、地域所拥有的劳动资源，便于教师和学生就地取材，方便师生开展劳动实践活动。

二、确定课程目标

落实"传统工艺制作"任务群的教学任务，教师要思考"传统工艺制作"的价值所在，其培育学生工匠精神的着眼点在何处？教师在进行教学设计时要提前设计和构思。结合学校的校情、学情，通过劳动课程，在达成劳动教育目标的同时，培育学生追求实事求是、勇于探索和追求真理的工匠精神。

三、设计课程活动

劳动课不同于其他学科教学，其提倡项目式学习，主张通过学生亲身实践和体验，体悟劳动的价值和意义。在这一过程中，可以培育学生的工匠精神。

1.注重情境创设。在模拟情境下，教师开展的劳动教育更易于学生接受，劳动实践活动也更容易培养学生勇于探索、敢于创造、精益求精的工匠精神，学生在劳动创造中可以感受劳动美、创造美。有的学校有专业教室，教师要注意专业教室的布置，凸显专业教室的专业"味"，对学生有熏陶、有感染，达到环境育人的作用。

2.注重培养学生坚忍不拔的精神。工匠精神的重要表现形式之一就是要有坚忍不拔的精神，而这种精神需要日积月累地培育。坚忍不拔的工匠精神也是科学精神的重要体现形式之一。所有的传统工艺品的制作，都需要制作者认真、耐心、细致，而这些都是工匠精神需要拥有的品质。拥有工匠精神的人，还需要做到目标明确、心无旁骛。

3.注重培养学生科学思维。科学思维是追求真理的前提，培育学生工匠精神体现在追求真理和实事求是过程中。无论是科学思维的培养，还是工匠精神的培育，都需要在劳动实践中完成。如何培养学生科学的思维方式？在传统工艺制作中，讲究先后顺序，讲究轻重缓急，与培育科学精神一脉相承。设计活动课程内容，教师对二者均需要关注。

四、采用适合的教育评价

适合的评价有利于学生能够客观公正地评价自己，学习他人长处，改进自身不足，实事求是是做好教育评价的前提。课程落实的关键环节之一就是做好教育评价，这个过程也是培育学生科学精神的又一契机。教师采用适合的教育评价方式，通常可考虑以下几点：（1）劳动内容；（2）劳动场地；（3）学生年龄特点；（4）信息技术手段。

在落实"传统工艺制作"这一任务群的教学任务过程中，如何理性看待传统与现代之间的关系，需要教师引导学生辩证思考这一话题。传统承载着历史的智慧，现代彰显的是科技的进步。"传统工艺制作"往往蕴含着工匠们的智慧和精益求精的品质，而现代科技则是人类发明创造的结晶。教师可以通过劳动实践、辩论、调查研究等方式，让学生建立起良好的思维方式。传统和现代不是二元对立，而是可以相互融合，你中有我，我中有你。继承和发扬优秀的传统文化，可以把传统元素融入到现代科技中，让现代科技产品更加具有文化元素，同时也可以利用现代科技传承和弘扬传统文化。

典型案例

植物拓染

一、课程开发背景

《义务教育劳动课程标准（2022年版）》5—6年级"学段目标"指出："进一步体验种植、养殖手工制作等生产劳动，能根据劳动任务选择合适的材料和工具、技术和方法，安全、规范、有效地开展劳动，初步养成持之以恒的劳动品质。""课程理念"强调："注重引导学生从现实生活的真实需求出发，亲历情境、亲手操作、亲身体验，经历完整的劳动实践过程，避免单一、机械的劳动技能训练，避免简单的劳动知识讲解，避免缺少实践、过于泛化的考察探究。注重引导学生通过设计、制作、试验、淬炼、探究等方式获得丰富的劳动体验，习得劳动知识与技能，感悟和体认劳动价值，培育劳动精神。"基于此，本课的教学设计在内容上围绕工具使用、制作技能与方法展开，渗透劳动安全教育，在形式上注重情境创设，与生活实际需要关联，在教学过程中学生的实践探索、交流探究贯穿始终，在实践与合作中发现问题、思考问题、解决问题。

在劳动教育中融入科技因素，在培养学生热爱劳动、尊重劳动的精神品质的同时，提高学生的劳动技能，拓宽了他们的知识领域，培养了他们积极探索的创新精神。本课教学在立足劳动学科本质的同时，努力体现科学知识的融入和科学精神的培养。

植物拓染作为一种传统的手工技艺，承载着丰富的文化内涵。它不仅是一种艺术形式，更是一种文化的传承和延续。通过本课的学习，使学生了解植物拓染的表现形式及独特的艺术特征，学习植物拓染的基本技能，同时了解与植物相关的科学知识，陶冶情操，培养其积极探索、追求创新的劳动精神，同时渗透传承中华优秀传统文化的意识。

本课授课对象为5年级学生。在学习本课前，绝大多数学生没有接触过植物拓染，即便是接触过的学生也只是略知一二，浅尝辄止，并没有对植物拓染的学习过程进行深入思考，对相关技能缺乏明确的认识。同时植物拓染作为一种手工技艺，它的形式有趣、有益，很吸引学生，这些都成为教学设计和教学活动的价值出发点。

二、课程目标

1.了解植物拓染的特点及发展历史，培养学生对传统文化的热爱，提高审美能力。感受劳动的乐趣，在劳动中形成积极探索、勇于创新的精神。

2.了解植物拓染的制作工具，学习制作的方法和步骤，能独立、安全、有效地完成简单的拓染作品的制作。

3.感受植物拓染在生活中的应用，能合作完成设计、制作任务。

三、整体教学思路

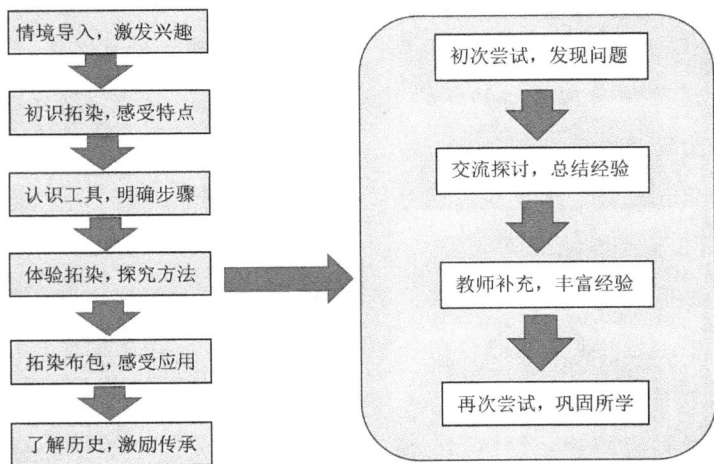

图1 "植物拓染"教学流程图

四、课程实施主要环节

环节一：创设情境，布置任务。

学校葵园银行成立6周年，特推出一批纪念版帆布包，请同学们给帆布包设计图案。

环节二：拓染作品，让学生观察，谈感受。

环节三：认识了解拓染的材料、工具，明确工作步骤。

环节四：小组体验拓染，探究方法（见"'植物拓染'学习单"）。

环节五：感受应用，拓展延伸。

五、课程学习评价

本课引导学生在学习过程中和课后从劳动态度、工具材料、劳动过程、劳动成果等方面进行自评、互评、师评，确立多元评价主体，强调过程性全面评价。

此外，引导学生欣赏他人作品，发现最吸引自己的作品，并反思自己在制作中存在的问题，予以改正，以评价的方式将本课的学习延伸至课后。

"植物拓染"评价单			
评价内容	学生自评	小组互评	教师评价
我能积极参与到拓染制作中，积极思考			
我了解拓染的制作工具、制作步骤、注意事项			
我愿意和同伴合作，共同探究			
我愿意了解非遗传统文化，感受工艺作品的奇妙			
哪个小组的作品最吸引我		原因	
我发现我们小组的问题		改进方法	

图2 评价单

"植物拓染"小组学习单

同学们，怎样才能把叶子拓染得清晰完整呢？你有什么发现？

	我的发现（问题或收获）		
	准备叶片	覆盖固定	锤子敲击
1			
2			
3			
4			

图3　小组学习单

六、课程实施反思

"植物拓染"的主要教学内容是了解植物拓染的特点，学习制作的技能和方法。植物拓染的方法看似简单，实际上要想拓出成功的作品并非易事，涉及叶片的选择、敲打的方法等多方面因素。不同的植物叶片色彩、形状、纹路、含水量、厚薄、质地等特点各不相同，拓染呈现的效果也有差异，即便是同一个叶片，正面冲下还是背面冲下拓出的效果也不一样。还有的叶片拓染之后还会发生变色的现象……这些都涉及植物科学方面的知识。

在"认识工具，明确步骤"这一部分，教师让学生通过观察，猜想拓染的过程，之后通过现场试验进行验证。在"小组体验拓染，探究方法"这一主环节中，教师设计了让学生在亲自尝试拓染的过程中去发现问题，思考背后的原因，然后探究解决问题的方法，总结出拓染的注意事项。这些教学设计关注学生问题意识和探究意识的培养，通过设疑猜想、实践验证、自主探究、小组合作等形式实现教学效果的落地，这也体现了科学精神中的"探索精神""实证精神""创新精神"和"原理精神"。

作者：宋严丽（北京市海淀区中关村第一小学）

案例分析

本案例具有以下特点：

1.注重选择合适的教学内容。根据相关记载，植物拓染可以追溯到商朝时期。人们使用植物来制作纸张，并将其用于书写和绘画。植物拓染不仅是一种艺术，也是文化遗产。选用"植物拓染"作为授课内容，不仅是让学生学习艺术，也是让学生了解这一文化遗产，是培育学生科学精神的很好的载体。

2. 制订适切的活动目标。在"植物拓染"这一课，依据学生的年龄特点制订合适的目标，教师设计的活动目标如下：（1）了解植物拓染的特点及发展历史，培养学生对传统文化的热爱，提高审美能力。感受劳动的乐趣，在劳动中形成积极探索、勇于创新的精神。（2）了解植物拓染的制作工具，学习制作的方法和步骤，能独立、安全、有效地完成简单的拓染作品的制作。（3）感受植物拓染在生活中的应用，能合作完成设计、制作任务。

3. 依据学校现有资源，创设劳动情景。在本案例"植物拓染"中，教师通过设置教学活动情境，给学生抛出任务："学校葵园银行成立6周年，特推出一批纪念版帆布包，请同学们给帆布包设计图案"，以此激发学生的劳动兴趣。建立起"劳动与创造幸福生活"之间的关系，让学生亲身体会和感悟。通过这样的劳动实践活动，可以培养学生勇于探索、敢于创造的科学精神，学生在劳动创造中，可以感受劳动美，创造美。

4. 注重培养学生的观察力。劳动精神的重要表现形式之一就是要坚忍不拔，而这种精神需要日积月累地培育，观察力是其中的一个重要元素。坚忍不拔是科学精神的重要体现形式之一。在该案例中，教师通过让学生观察一副拓染作品，让学生看一看、闻一闻、说一说，以此培养学生的观察力。在授课中，教师还用了"学习单"，引导学生注意观察、注意记录。"同学们，怎样才能把叶子拓染得清晰完整？你有什么发现？"每一位学生的视角不同，观察发现也会有所不同。通过每一位学生的观察记录，再进行交流碰撞，有助于不断完善学生的思维品质。

5. 注重培养学生科学思维。科学思维是追求真理的前提。如何培养学生科学的思维方式？在本案例"植物拓染"中，教师注重引导学生思考工具的重要性，以及允许学生通过猜测和试验结果，探究总结出拓染的基本步骤，再实践，再总结，形成了猜测—结论—实践—反思的思维方式。让学生通过实践，不仅学习和了解中华优秀传统文化，而且感受了传统工艺劳动的工匠精神和创新精神。

6.用教育评价进行引导。科学的评价有利于学生能够客观公正地评价自己，学习他人长处，改进自身不足。案例中，教师设计了"植物拓染"评价单，引导学生自评、小组互评、教师评，发现他人长处、自己不足，深入思考长处后的成因、不足后的改进措施，走向自我改进、自我发展的道路。实事求是、精益求精、追求卓越是科学精神需要的品质。在本案例中，教师让学生运用植物拓染技术自己设计书包，既让学生传承和学习了传统工艺制作的技术，又很好地培养了学生的创造力。

提高劳动作品制作的成功率

　　学生劳动作品出现瑕疵是任务群"工业生产劳动"劳动课程群实施的正常现象，唯有不完美才能走向完美。在一次次的试错过程中，学生的心智和劳动技术才会有量的堆积到质的飞跃。劳动作品是人的智慧和劳动技能的反映，体现了人的创造力和劳动价值。中小学学生的劳动作品是学生接受劳动教育后的成果体现。优秀的作品不仅可以展现学生的劳动技能，还可以展现学生的劳动品质和劳动精神。面对不完美的作品，教师该如何处置，才能让不完美作品的作者也能体验和感受劳动的喜悦，这就需要劳动教师认真查找症结，找到解决对策，进而全面提升学生劳动技能。

一、找到劳动作品不完美的原因

　　教师授课后，学生制作出作品，这些作品有成功，也会有不足。面对不足，有的学生会很沮丧，有的学生可能会就此半途而废，这些现象都需要劳动教师警觉，找出作品不足的症结所在，改进教学行为，让学生增强劳动自信心，从而让学生体会和体验成功的喜悦。学生劳动作品不完美，可能会有各种各样的原因，通常可以从以下几个因素加以考虑：

　　1.教师指导不当。学生制作劳动作品出现瑕疵，往往是劳动教师在进行教学设计的时候，对课标理解不准，缺少对学生学习的前测，在劳动实践活动中又对学生指导不当而造成的。如果对学生的表现反馈不及时，就会造成学生制作作品出现瑕疵的现象。

　　2.学生已有经验和已有技能不足。学生处在学习期间，对于作品的制作缺

109 ‹

少足够的心理准备，已有制作经验和已有制作技能都有待提升。

3.学生缺少统筹管理经验。在单位时间内，需要完成劳动作品的设计和制作，不仅需要一定的劳动经验和劳动技能，也需要学生具有一定的统筹管理经验，同时兼顾各项任务的完成。

4.学生的心态和情绪不稳。青少年对于未知领域往往具有一定的好奇心和探求欲，对于一件作品，总是喜欢精益求精，在探索之中，不能一蹴而就，容易产生急躁情绪，对于设计制作的作品也容易产生瑕疵。

二、解决劳动作品不完美的举措

具体问题具体分析，解决劳动作品不完美的举措需要找到问题的症结所在，才能做到有的放矢。

1.教师指导要恰当。从长期而言，需要教师持续提升专业能力，更为重要的是了解学情，熟读课标，熟练掌握劳动工具，并针对教学中出现的不妥，及时进行指导和反馈。

2.给学生试错的机会。学生对于制作的劳动作品，往往存在经验不足和技能不熟练的情况，需要反复实践。教师在指导过程中，也可以提前预判学生会出错之处，给予恰到好处的指导。

3.帮助学生掌握和了解制作的步骤。设计和制作劳动作品需要遵循一定的劳动步骤，在劳动过程中，还需要学生会使用劳动工具，用好、用对劳动工具。针对劳动任务，使用什么劳动工具，这样都需要学生在劳动实践前知悉和掌握。

4.养成平和心态和积极情绪。对于劳动作品制作出现的瑕疵，需要学生具有良好的情绪和正确的心态。不足是前进的源动力之一，找到不足才会有所进步。面对作品出现的瑕疵，需要学生积极面对，找到解决的策略，可以向同伴求教，观察和学习同伴是如何制作的，也可以向老师求助，得到老师及时的指导等等。

三、及时进行效果评估

学生设计和制作劳动作品要及时进行评估。一个是过程性评估，一个是结果性评估。过程性评估指的是在劳动作品制作过程中，教师要对学生设计和制作劳动作品及时鼓励和指导，一句赞美，一个微笑，一个小奖励等等，都是对学生及时的鼓励和支持，都会使学生对设计和制作作品产生动力。而进行效果评估则可以促使学生对于自己制作和设计整个劳动作品进行及时反思和总结，发扬优点，弥补不足。在反思总结中，学生的劳动技能和思维方式都会得到提升，同时也会促使教师不断改进自身的教育教学方式。总体而言，一件作品的设计和制作，要经过六个环节：确定主题—准备材料—精心构思—认真制作—反复调整—作品完成。

四、课程开发和应用注意事项

找准问题是课程开发及应用的关键。如何找准问题，需要教师敏锐把握，只有对专业精进，对学生非常了解，具有课程开发能力等素养，才能找准问题，找到关键问题。依据问题，教师采用相应的系列举措，使问题能被解决，并能促进学生劳动素养的提升，在如此的循环往复中，形成高品质的劳动课程。

典型案例

制作十字锁

一、课程开发背景

北京市海淀区五一小学一直以来重视学生劳动素养的发展，在劳动课程建设方面，依据《义务教育劳动课程标准（2022 年版）》对各学段学生不同的发展要求，设置了丰富的劳动课程内容，并在各个任务群中重点关注学生劳动素养的发展，同时培养学生的创新思维。根据新课标对于不同学段学生劳动素养的发展要求，在第三学段"工业生产劳动"任务群中设置了木工榫卯的相关内容，它虽然是一门古老的技术，但对于学生劳动素养的提升和培养有着非凡的意义。

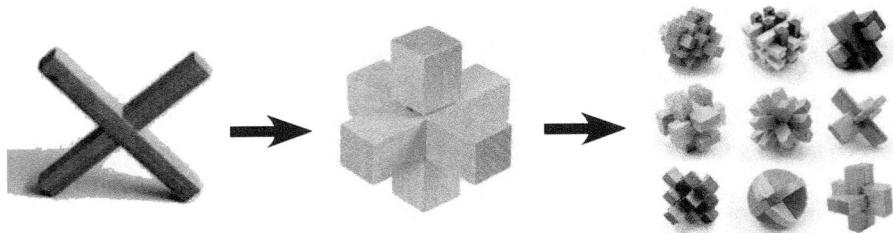

图1　鲁班锁从简单到复杂的结构演变

"制作十字锁"一课在第三学段"工业生产劳动"任务群中具有十分重要的地位。学生在前面初识榫卯和制作平面榫卯"十字枨"的基础上，进行立体可旋转的榫卯结构"十字锁"的制作。这是一种结构从平面到立体的转变，十字锁的制作从构件数量、卡槽的加工数量、打磨技法的运用以及尺寸把握几个方面都对学生提出了更高的要求。而后面创意手机架的设计制作更是对复合榫卯结构的运用和创意设计。

在实施中，总是出现学生不能够理解十字锁的咬合机理，不能够清晰地把握制作精度，操作技法不能得到合理运用，从而导致材料浪费、前功尽弃的劳动结果。如何在有限的时间和材料限制条件下，让学生对榫卯结构的咬合机理产生深刻的认知，从而提高他们十字锁制作的效率和品质，减少对于制作材料成本和时间成本的浪费？通过探究实践，提出本案例中的策略方案。

二、课程开发过程

（一）提出问题

"怎么组装十字锁？""如何标记尺寸？""三个零件做完了，为什么总是咬合不上？"诸如此类的问题，总是在学生的实践过程中暴露出来。这些问题的提出，直接说明了一个关键问题：学生对于十字锁没有建立清晰的空间结构认知，进而不能根据构造特点正确地开展制作。究竟应该如何设计前期的探究活动来提升学生对十字锁构造的空间认知感，进而有效提高学生的制作能力呢？根据新课标的要求，关于第三学段任务群"工业生产劳动"的内容要求如下：

选择1—2项工业生产项目，如木工、金工、电子等，进行简单产品模型或原型的加工，初步体验工业生产劳动过程。熟悉所选项目的工具特点、设备特点。识读简单的产品技术图样，根据图样制作产品的模型或原型，完成产品模型或原型的组装、测试。体验工业生产劳动创造物质财富的喜悦与成就感。然而对于"制作十字锁"一课，学生对于空间可旋转的榫卯结构是第一次接触，并且6年级的学生还没有具备特别强的空间思维能力，这就导致学生在规定时间内不能够按照标准完成十字锁结构的制作。

（二）问题分析

经过收集和梳理，学生在制作十字锁的过程中，主要存在以下两方面的问题：

1.标记尺寸时无法找到三个零件的空间咬合关系或者标记方法不规范。

（1）不能够找到三个零件间卡槽咬合的关系。

①错误的标记锁头、锁芯小卡槽的位置，导致在制作时，锁头、锁芯小卡槽方向不一致，十字锁无法顺利完成组装。

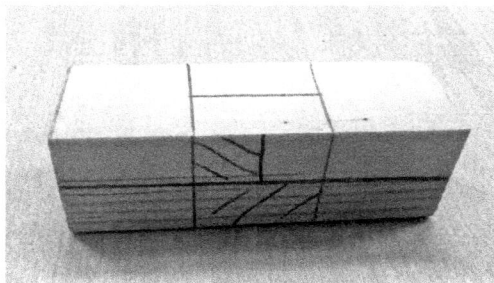

图2　错误的标记锁头、锁芯小卡槽的位置

图3　错误的锁头、锁芯卡槽

图 4　正确的锁头、锁芯卡槽

②错误地标记"钥匙"部分需要加工的卡槽的尺寸和位置，导致"钥匙"无法加工。

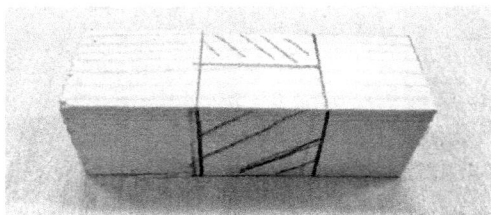

图 5　错误的标记"钥匙"卡槽

图 6　"钥匙"卡槽的正确标记方法（正反面）

（2）没有规范地进行尺寸标记，导致锯割时没有达到尺寸要求的标准。

2. 制作时没有控制好加工尺寸的要求，过度锯割或者过度打磨，导致被加工的部分不符合尺寸咬合的要求。

（1）锯割时没有沿着标记线内侧起锯，导致加工后的卡槽过大，无法完成紧密咬合。

（2）完成锯割后，打磨时用力过猛导致过度打磨，使卡槽或"钥匙"部分的圆柱超过咬合尺寸要求。

（三）问题解决的办法和策略

通过总结梳理存在的问题，结合新课标的要求，从前期探究的过程中，安排了以下几项探究实践活动来解决学生在制作中存在的问题和困难。

1.通过玩十字锁样品并对其进行拆装体验，提升学生对于十字锁三个零件咬合关系的认识。

2.通过制作简单的榫卯结构"十字枨"，规范尺寸标记的要求，同时使学生初步感受工具与材料之间配合制作的要求特点。

3.通过模拟制作，分析十字锁的制作步骤，在模拟制作过程中发现制作要点，为正式制作积累实践经验。

模拟制作十字锁，仍然需要用正确、规范的方式进行尺寸标记，用泡沫板的目的是为了降低学生操作上的难度。因为松木木料的硬度很大，对于初次锯割松木的学生有很大挑战。然而，在步骤和方法相同的条件下，用质地较软的泡沫板制作，可以大大降低加工材料方面的难度，使学生通过模拟制作快速地熟悉制作流程，明确制作步骤，同时发现制作时需要注意的要点。

用泡沫板（挤塑板）模拟制作十字锁，明确制作步骤和技术要点。

图7-1 用泡沫制作的十字锁模型

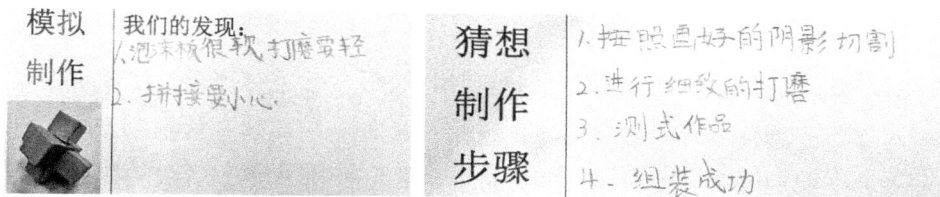

图7-2 制作步骤和技术要点

经过前期的"体验→测量→标记→技术训练→模拟制作"等环节的探究训练，学生在之后实际制作十字锁时，制作准确度和效率都得到了很大的提升，使之前在学生实际制作过程中出现的问题，得到了很好的解决。

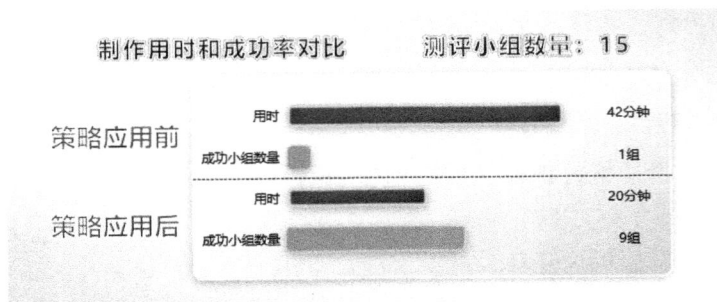

图 8　模拟制作带来的成效对比

三、课程效果分析

（一）关注内容前后的关联

基于 6 年级学生的学习认知规律，本单元的教学内容编排采用由易到难、由简入深的学习路径，学生在初步感受榫卯结构之美、结构之妙的基础上，尝试制作简单榫卯"十字枨"，掌握基本的制作方法和步骤；之后通过模拟制作十字锁，进一步明确尺寸标记要求和制作要点，为正式制作十字锁做好铺垫。

（二）重视从体验中获得经验认知

6 年级的学生具有一定的空间思维能力，但对于构造精巧深奥的鲁班锁来说，如果在短时间内让学生掌握其构造原理，确实难度不小。因此，必须给予学生充足的时间实践观察、体验十字锁样品，并练习拆装。在了解十字锁基本构造的基础上，对实际卡槽尺寸进行精确测量，这个过程可以很好地发展学生的空间思维能力，更清楚地找到十字锁各个零件间的咬合匹配关系，同时培养学生做事的耐心和精确性。

（三）创新性地打破材料限制

为学生提供泡沫板进行模拟制作，可以更好地让学生明确十字锁的制作步骤，同时发现制作时需要特别注意的关键问题——"钥匙"的打磨程度。过度打磨导致"钥匙"不能锁住，打磨不到位导致旋转时"钥匙"被折断。

总之，由于精心设计前期探究的内容，使学生对于十字锁的结构特性和松木木材特点有了更深的认识，从而提高了学生实际制作十字锁的能力，对学生劳动参与度和劳动素养的提升带来诸多的积极效果。

作者：孟宇（北京市海淀区五一小学）

案例分析

从"制作十字锁"这则案例可以看到，教师面对学生作品不完美，采取的行动是首先对作品不完美的现象进行归因分析。经过收集和梳理，学生在制作十字锁的过程中，主要存在以下问题：

1. 标记尺寸时无法找到三个零件的空间咬合关系或者标记方法不规范。

2. 制作时没有控制好加工尺寸的要求，过度锯割或者过度打磨，导致被加工的部分不符合尺寸咬合的要求。

针对不足，教师进行了一一分析，有的是教师原因，教师教学设计不能充分体现课标精神和要求；有的是学生原因，学生学习注意力不集中，导致制作时候的偏差；有的是学生理解不到位，造成制作作品的不完美；有的可能是其他外界因素，如小组合作不顺畅等，导致劳动作品的不完美。

为此，教师安排了相对应的以下几项探究实践活动，来解决学生在制作中存在的问题和困难：

1. 通过玩十字锁样品并对其进行拆装体验，来提升学生对于十字锁三个零件咬合关系的认识。

2. 通过制作简单的榫卯结构"十字枨"，规范尺寸标记的要求，同时使学生初步感受工具与材料之间配合制作的要求特点。

3. 通过模拟制作，分析十字锁的制作步骤，在模拟制作过程中发现制作要点，为正式制作积累实践经验。

在案例"制作十字锁"一文中，教师采取系列举措后，成效是显著的，既有数据又有案例支撑，用事实说话，用数据说话，这也是诚实劳动的具体呈现。"经过前期的'体验→测量→标记→技术训练→模拟制作'等环节的探究训练，学生在之后实际制作十字锁时，制作准确度和效率都得到了很大提升，使之前在学生实际制作过程中出现的问题得到了很好地解决。"总之，落实"工业生产劳动"任务群，不仅需要学生掌握基本操作方法，还需要学生规范使用工具制作模型或原型，长期的坚持和努力能促使学生在一个又一个的劳动实践中会劳动、爱劳动，热爱创造性劳动。

跨学科主题学习项目的设计

劳动项目是落实劳动课程内容及其教育价值，体现课程实践性特征，推动学生"做中学""学中做"的重要实施载体。在推进劳动课程实施过程中，开发和使用劳动项目，有助于培养和提升学生的劳动素养，而聚焦跨学科主题学习项目的开发及应用，则更有助于提升学生的综合能力与综合素养。

一、跨学科主题学习项目的作用

在推进劳动课程实施过程中，跨学科主题学习项目具有以下作用：

1. 让学生做到学以致用。学生可以把书本知识与生活实践有机联结，通过劳动实践，掌握和提升相应的劳动知识和劳动技能。通过劳动，感受生活的美好，感悟"劳动创造美好生活"的真谛。

2. 有助于提升学生的综合能力。真实生活往往具有复杂性、多变性，通过日常生活实践的浸润，有助于青少年不断挑战自我、超越自我，不断提升自身的综合能力。学生面对的是真实的生活世界，靠单一的学科知识难以解决现实生活中的问题，需要运用跨学科知识去解决生活中的实际问题。

3. 有助于培养学生的劳动品质。在推进跨学科学习任务群项目开发及应用过程中，学生会遇到挑战性的任务。面对这些任务，单靠学生以往的经验难以解决，需要学生在教师的引导下，依靠团队合作，辅之以坚忍不拔的毅力，才可克服这些困难。

4. 有助于学生开阔眼界和拓展思维方式。在推进和落实三大类劳动内容十个任务群过程中，学生会接触到各种工作，会与各行各业的劳动者接触，这些都有助于学生拓宽思维方式，开阔眼界，综合运用多学科看问题，解决问题，提升对外部世界的感知和认识。

5.有助于促进学生的身心健康。通过劳动项目的推进和实施，学生在实际生活中能有效缓解各种压力，放松心情。而跨学科学习项目开发及应用则有助于学生学会系统思考，提升其综合能力和综合素养，能够更加理性地认识世界，并让自己的内心世界更加丰盈。

二、跨学科主题学习项目的特征

跨学科主题学习项目具有一般劳动教育项目设计的流程：项目目标、项目内容、劳动场域、项目过程、项目操作方法等，其还具有以下特征，涉及多学科、多任务群，具有实践性强、开放性强等等。

1.多学科。围绕一个主题，按照事物发展顺序，多学科进行实践与探索。这种探索有助于发现问题、解决问题，可提高学生的综合能力和综合素养，同时也有助于提升教师的专业素养。

2.多任务群。万物相连，按照事物发展顺序，涉及2个以上任务群。使用2个以上任务群，有助于让学生体验劳动的全过程，做事有始有终。

3.实践性强。学生参与劳动项目实践，需要调动已有的相关知识，通过手脑并用，解决日常生活中的实际问题，在解决问题中，提升自身的劳动素养。

4.注重教育性。所有劳动项目都是为实现育人目标服务的。通过劳动项目的实施，培养学生正确的劳动价值观和劳动品质，养成良好的劳动习惯，掌握基本的劳动知识和劳动技能，形成积极向上的劳动精神。

5.开放性强。首先体现在目标开放。劳动项目在实施过程中，能达成多个教育目标，不仅促使学生掌握相应的劳动知识和劳动技能，还有助于学生创造力的培养。通过一个劳动项目的实施，达成多元目标。劳动教育项目目标旨在培养学生劳动素养，项目在促成劳动素养达成的基础上，实现其他素养的提升。其次是评价开放。跨学科主题学习项目涉及多学科、多任务、多内容，其开展形式多样，目标不一，宜采用不同的评价方式，以此激发学生劳动的积极性、主动性，并让学生学会自我评价、自我反思、自我改进。

三、跨学科主题学习项目开发及应用注意事项

跨学科主题学习项目的开发及应用对于教师的专业素养提出了较高的挑战，教师在开发项目时需要重点注意以下三点：

1. 安全性：由于跨学科主题学习项目主张在真实环境下开展劳动实践活动，这就涉及学生的安全保障。需要教师提前做好安全预案，如急救预案、防火防电保障措施、如何正确使用工具等。

2. 连续性：跨学科主题学习项目的实施一般会经历比较长的周期。如何保证长周期项目的顺利实施和达到预期目标，需要教师在项目实施前做好设计，可以设计一环扣一环的小项目，保证目标的阶梯性、内容的连续性；也可以采用阶梯性评价，以此确保学生劳动的主动性、积极性和创造性。

3. 跨界合作：跨学科主题学习项目涉及多学科多任务群，单靠某一学科教师难以高质量完成教学任务，需要教师学会积极主动地跨界合作，超越本学科、跨领域开展合作，为达成教学目标服务。

总之，教师要通过跨学科主题学习劳动项目的设计与实施，激发学生的劳动兴趣和劳动热情，着力培养学生独立思考的能力和解决问题的能力。

典型案例

校园堆肥花园营造与生物多样性恢复

一、课程说明

"校园堆肥花园营造与生物多样性恢复"是面向北京市海淀区双榆树中心小学4、5年级学生进行的，以劳动学科为主、科学和数学等学科为支撑的跨学科主题学习课程。课程旨在带领学生感受"环境的改变会影响整体生态系统"，使学生意识到垃圾是放错地方的资源，形成可持续发展观，并在校园中利用自己的劳动践行节能减排、低碳环保的理念。鼓励学生设计不同的堆肥箱，培养学生的创新能力。能在与同伴的交流讨论中反思设计中的不足，对设

计和产品进行改进。培养学生的合作、思辨、理性解决问题的能力。在堆肥箱的制作过程中，熟悉各种劳动工具并能安全地使用工具完成作品。在堆肥种植的过程中融入美好的景观设计的理念与方法，合理地利用学校现有土地资源，进行堆肥多样性的规划种植，最终形成了校园蔬菜区、赏果区、芳香植物区、药用植物区、花卉区、宿根植物区，让学生体会到植物多样性对校园环境的重要影响。利用堆肥种植理念，让学生达成节约自然资源、恢复城市社区生态环境的目的。

为了更好地完成"校园堆肥花园营造与生物多样性恢复"课程，我们把课程进行了分解，拆分成五个子任务进行推进，在校园内形成"厨余就地减量—厨余堆肥—堆肥用于校园种植"的闭环循环体系。

二、课程目标

1. 通过查阅资料、观察等方式，使学生意识到垃圾是放错地方的资源，形成可持续发展观的环境意识，践行低碳环保理念。

2. 通过鼓励学生设计不同的堆肥箱，培养学生的创新能力。学生会用设计草图对自己的设计进行说明和展示，能与同伴进行讨论，反思设计中的不足，并进行改进。培养学生的思辨、反思、改进等综合能力。

3. 按照堆肥箱设计图，选择使用的材料，挑选劳动工具并学习劳动工具的使用方法。学生分组进行堆肥箱的组装。让学生体验木工、组装相关的劳动技艺，学习各类工具的使用。在劳动过程中，逐渐熟悉各种劳动工具的使用，在劳动中让学生体会为了共同目标，小组成员间相互配合、相互支持的劳动合作精神。

4. 参与校园厨余堆肥实践。首先对校园生活中可能产生的厨余，以及校园中适合开展堆肥的地点进行调研，小组分工合作，进行校园厨余垃圾的回收。进行三明治堆肥方法的介绍，并进行校园厨余堆肥实践，从而达到厨余减量的目的。

5. 进行生物多样性种植。引导学生了解生物多样性对人类生活的重要性。了解我校的生物多样性有所欠缺，对校园可种植区域进行可行性讨论，对种植环境情况进行理性分析、辩论。设计花箱种植设计图。安装并按照设计方案进行多样化生物种植。

三、课程主要内容

"校园堆肥花园营造与生物多样性恢复"项目分5个子任务进行，具体内容如下表。

表1 项目任务表

子任务	子任务目标	学生活动	课时安排
创设情景，启动"校园堆肥花园营造与生物多样性恢复"项目	①通过观察、访谈等方法，了解我校厨余垃圾产生的途径、地点和产生的数量。 ②查阅资料，使学生了解到垃圾是放错地方的资源，形成可持续发展观的环境意识，践行低碳环保理念。 ③通过查阅资料，了解生物多样性对地球的影响。 ④调研我校校园生物的种类，了解我校生物多样性匮乏的情况。	①通过观察法，考察校园内垃圾的来源。 ②访谈食堂师傅、老师、同学，记录垃圾产生的地点和数量。 ③查阅资料，了解我国厨余垃圾的再利用情况。 ④调研我校生物种类，多种植物需要进行种植，确定我校厨余垃圾进行堆肥处理后，进行多种植物的种植。	课上 （2课时）； 课下调研 （1课时）
设计堆肥箱	①查阅堆肥箱相关资料，了解堆肥箱的结构、功能和使用方法。 ②能设计多样的堆肥箱，并画出设计草图，发展学生的创新能力。 ③能用设计草图对自己的设计进行说明。能向同伴展示堆肥箱设计稿，发展学生的思辨、反思、改进等综合能力。 ④对设计活动感兴趣，愿意与同学合作，能与同学分享。能完善表达自己的改进意图和方法。	①在教师带领下查阅堆肥箱的资料，了解堆肥箱的样子、功能和使用方法。 ②教师明确堆肥箱的设计要求，学生分小组进行堆肥箱的设计。鼓励学生设计不同的堆肥箱。 ③进行堆肥箱设计稿的交流展示，学生会用设计草图对自己的设计进行说明和展示，能与同伴进行讨论，并反思设计中的不足，不断改进。	课上 （2课时）
制作堆肥箱	①分析、比较提供的材料和工具，能选择合适的材料和工具进行制作。 ②掌握使用工具的能力。 ③能根据设计，使用合适的材料和工具进行组装。 ④体会展示自己作品的喜悦感和成就感，形成尊重他人、认真倾听、敢于发表意见的品质。	①按照堆肥箱设计图，选择使用的材料，挑选劳动工具并学习劳动工具的使用方法。 ②分组进行堆肥箱的组装。 ③在劳动过程中，逐渐熟悉各种劳动工具的使用，在劳动中体会为了共同目标、小组成员间相互配合、相互支持的劳动合作精神。 ④展示自己的堆肥箱作品。	2课时
校园厨余堆肥实践	①了解什么是厨余垃圾和厨余垃圾的特点。对校园生活中可能产生的厨余以及校园中适合开展堆肥的地点进行调研，能进行校园厨余垃圾的回收。 ②了解好氧堆肥的原理。 ③理解三明治堆肥法的操作步骤。 ④能按照三明治堆肥法进行堆肥实践，从而达到厨余减量的目的。	①讨论厨余垃圾的特点。 ②分组讨论、策划校园厨余垃圾回收。 ③按计划进行校园厨余垃圾的回收。 ④了解好氧堆肥的原理。 ⑤学习三明治堆肥法，并利用回收来的厨余垃圾进行三明治堆肥实践，从而达到厨余减量的目的。	2课时

子任务	子任务目标	学生活动	课时安排
生物多样性种植	①了解什么是生物的多样性，知道生物多样性对环境的重要性，初步形成大自然观。 ②能实地考察我校的生物多样性情况，能参与讨论校园可种植区域的可行性，对种植植物种类进行理性分析、辩论。 ③能绘制植物种植规划图。 ④了解科学的种植方法，会使用种植工具，并能按照设计图进行科学植物栽培。	①学生查阅资料，了解生物多样性对人类生活的重要性。 ②用观察记录法，实地调研了解我校生物多样性情况。 ③小组围绕校园可种植区域进行可行性讨论，对种植环境情况进行理性分析、辩论。 ④安装花箱并按照种植规划图进行多样化生物种植。	2课时

四、课程实施要点

1. 注重跨学科主题学习，让学生的学习自然地发生。

2. 在实践操作环节重视学生的亲身参与，并重点强调安全注意事项，让学生在劳动实践中逐渐形成良好的安全意识。

3. 课程注重课上、课下相结合，注重课程的延续性。

五、课程评价

评价内容关注核心素养的发展水平，本课程我们强调在真实情境中开展多元评价。在评价内容上，是对学生的调研报告、堆肥箱设计草图、堆肥箱作品进行评价。同时还可以制订多种评价量表，如堆肥箱设计草图评价表、劳动评价表和综合评价表等，从而对学生进行自我诊断、组间评价和教师评价反馈。评价要贯穿整个跨学科主题学习活动，对学生的成长变化进行全面追踪。

六、课程实施效果与反思

在经历了多次各类工具的使用后，学生已经能够掌握如何规范、安全地使用各种劳动工具，并且能够在劳动过程中相互监督提醒。由于校园场地条件有限，无法满足所有学生能够同时参与到每一个劳动实践中，也会出现在小组团队工作中部分学生因场地拥挤而无法参与的情况。针对此情况，未来可以将劳动实践环节的内容进一步细分，让学生在同一时间能够有更多不同的任务分散人流，也尽量让所有学生都能时刻保持参与。假期由于校园内师生离校，导致植物养护不当，未来可以改进假期植物养护问题。

作者：师扬（北京市海淀区双榆树中心小学）

案例分析

"校园堆肥花园营造与生物多样性恢复"跨学科主题学习课程有以下几个特点：

1. 涵盖多任务群。在本案例中，该劳动课程涉及了三个任务群内容：工业生产劳动、现代服务业劳动、农业生产劳动。它有利于培养学生系统思维、综合思考问题的能力，同时掌握相应领域的劳动知识和劳动技能。在第四阶段"校园厨余堆肥实践"中对校园厨余垃圾产生的场景以及校园内适合进行厨余堆肥的场所进行调研；选择合适的方法，进行厨余堆肥实践。就需要学生运用数学、科学、劳动等学科知识去解决问题。而"调研、采用合适的方法"是培养学生科学的思维方式，科学的思维方式是劳动效果取得成效的保障。

2. 通过劳动实践，培养学生科学思维和团队合作能力。项目式学习提倡团队合作，通过团队合作，团队成员可以相互取长补短，共同解决生活中面临的问题。学生在完成花箱、堆肥箱、工具箱等各种设施的安装过程中，如果没有团队协作，单靠个人是难以为继的。在这之中，需要学生学会识图、学会正确使用劳动工具，学会安装。

3. 注重学生创造力的培养。项目式学习是开放式学习，能最大化地激发学生学习兴趣和学习的创造性。通过项目式学习，可以解决生活中的真问题，培养学生正确的价值观和责任感。在本案例中，面对"在校园中开展堆肥实践，实现校园环境下的厨余减量"这一现实需求，学校采用项目式学习方式，让学生通过调研、实践的方式加以解决，通过学生的亲身实践，让学生感知劳动创造美好生活，同时培养学生生态环保的意识，充分发挥劳动教育的综合育人功能。"花箱、堆肥箱、工具箱等各种设施的安装"则是培养学生规范劳动的意识。通过多样性种植，不仅可以让学生感知劳动的成果，还可以培养学生的服务意识。针对本项目所涉及的多任务群、多学科，教师采取了相应的行动举措：（1）小组合作，及时分享和总结；（2）注重及时评估，相互学习、相互借鉴；（3）主讲劳动教师要对学生学习及时指导；（4）对专业性较强的知识，邀请专业人员指导。此外，项目结束后，教师及时反思和总结，便于下一步工作的推进。

劳动教育资源的开发及应用

　　劳动教育资源的开发及应用有利于促进学生全面发展，可以为学生提供劳动实践的机会，提高学生的动手能力和解决实际问题的能力。学生通过参加各种劳动实践活动，可以涵养其自身的劳动品质，塑造正确的劳动观念。在劳动中，发挥创造力，培养创新思维，提升自身的综合素质。中小学劳动教育资源的开发和应用不仅有助于培养和提升学生的劳动素养，还有助于推动学校教育的改革和发展。

一、劳动教育资源的开发

　　有效开发劳动教育资源的前提是正确认识和了解劳动教育资源。劳动教育资源指的是能够用于开展劳动教育活动、实现劳动教育目标的各种要素的总和。通常，劳动教育资源可以包括人、财、物等资源。

　　1. 人的资源。教师、学校行政人员和后勤员工、家长等均可以开发劳动教育课程，甚至有特长的学生也可以开发劳动教育课程。

　　2. 物的资源。学校、家庭、社会的空间资源，班级窗台、角落，走廊，实验室，食堂，家庭居室，社区志愿服务等，都是很好的劳动教育资源。工厂、社区、农场等也是很好的劳动实践场所资源，可以为学生提供沉浸式劳动实践体验。

　　3. 文化资源。深入挖掘学科中的劳动教育元素，是开展劳动教育很好的载体。如：语文、道德与法治和历史等学科，有古今中外的劳动工匠和劳动杰出人物，学习其坚持不懈、敢于创造和为人类谋福祉的精神。科学、物理、化学等学科中，科学家精益求精、勇于探索的劳动品质等。此外，还有传统工艺等，也是了解和传承传统文化的很好的载体。

二、劳动教育资源的应用

劳动教育资源的应用要秉承生态教育理念，合理和充分应用，发挥其最大化的价值，摒弃浪费、铺张，发扬勤俭节约的功效。如在劳动实践前，教师可以发挥学生劳动的主动性，合理规划要使用多少劳动教育资源，在劳动过程中精准指导，劳动后及时总结，促使学生学会合理规划、合理使用劳动教育资源，培养其规划意识和能力。总之，劳动课程的实施离不开丰富的劳动教育资源的支撑。

三、开发及应用劳动教育资源要注意的事项

1. 对于已有的劳动教育资源"熟视无睹"。出现这种"熟视无睹"的症状，主要是教师专业素养不够。中小学劳动教师一方面需要不断提升个人的专业素养，另一方面还需要教师跳出自己固有的思维模式，跳出"圈子"，从外部审视自己的教育教学，发现自己所拥有的劳动教育资源。

2. 对身边的教育资源未能用尽用足。一部分教师认为手里的教育资源越多越好，对于已有的教育资源不能用尽用足用到位，导致学校现有的劳动教育资源不能发挥其应有的作用，出现"浪费"现象。对于此类情况，需要相关部门加强监管，同时加强引导，"珍惜劳动""珍惜劳动者"，这也是劳动教师应有的基本素养。

3. 秉承"共享"理念，扩大学校资源应用范围。落实"日常生活劳动""生产劳动""服务性劳动"三大类劳动内容，需要学校拥有相应的劳动教育资源做支撑。这些资源有的是学校已有，有的需要学校自己挖掘，还有的需要学校与其他学校共建共享，或者通过相关部门进行统筹规划。

总之，充分开发和应用劳动教育资源，可以发挥劳动教育的综合育人功能，培养学生的劳动实践能力，涵养学生的劳动品格，传承和弘扬劳动精神，促进学生全面发展。

校园模型的设计与制作

一、课程开发背景

《义务教育课程方案（2022 年版）》指出义务教育课程建设的基本原则之一是"变革育人方式，突出实践"。《义务教育劳动课程标准（2022 年版）》7—9 年级学段目标提出"根据个体、家庭、学校、社区的发展需要，提出具有一定创造性的解决方案，制订合理的劳动计划，并安全规范地加以实施，能对劳动过程与劳动成果进行反思和总结，进一步提高创造性劳动能力、合作能力。"学校有劳动技术课程的基础，在木工技术方面开发了很多课程。但是传统木工技术的学习会采用封闭的课程内容，这个过程中出现学生对劳动成果不珍惜的现象，是因为劳动成果没有与学生的生活实际相关联，这样降低了课程的价值，不利于端正学生的劳动观念。

北京市育英学校万寿路校区坐落着育英学校的校史馆，在这个校区的每个学段，新入学的学生都要参观校史馆，初一年级的学生就要接受入校教育——参观校史馆。这里有 20 世纪 90 年代学校改造工程开始前的老校舍的模型，初一年级的学生在参观了校史馆后就产生了一些疑问。例如，为什么校史馆里摆放了老校园的模型？为什么不能够摆放现在校园的"新"校园模型？如果可以摆放，放在哪里合适？我们能做出"新"校园模型吗？制作"新"校园模型需要做哪些工作呢？面对这些问题，我们教研团队开始了教学研讨工作。首先，学生在项目实施前曾经经历了基于木工技术的"垫板的设计与制作"和基于激光切割技术的"八音盒的设计与制作"这两个项目，具有木工加工和新技术加工的本领，我们在学习了《青少年建筑模型制作》这本书后，对模型的设计和制作方法有了系统的认识。

二、课程开发目的

1.通过加工流程设计，让学生感知劳动的不易，养成珍惜劳动的品质。

2.通过设计和加工，提高学生劳动能力。

3.通过产品营销，提升学生的综合能力。

三、课程主要实施过程

（一）开放的加工流程设计，端正劳动观念

图 1　常见木工产品加工流程图

这是一个所有木工产品制作都可以套用的加工流程，但是任何一个产品的加工过程都是复杂的，我们选择用角色扮演的方式创设一个尽可能真实的实践环境，学生在了解产品经理的工作内容后，在角色扮演过程中用头脑风暴的方式，对产品的设计和加工的全流程进行更深入的思考和讨论。学生结合主题提出了很多疑问，比如模型的制作要求应该包含什么？校史馆的摆放空间决定了模型的尺寸和缩放比例，以及可以展示的景观的范围，校史馆展品的色调决定了模型的色彩基调，新技术的引入需要花时间学习，校园各种景观的表达方式决定了模型的制作材料和模型零部件的加工方式，作品是否能够如愿在校史馆展出呢？……

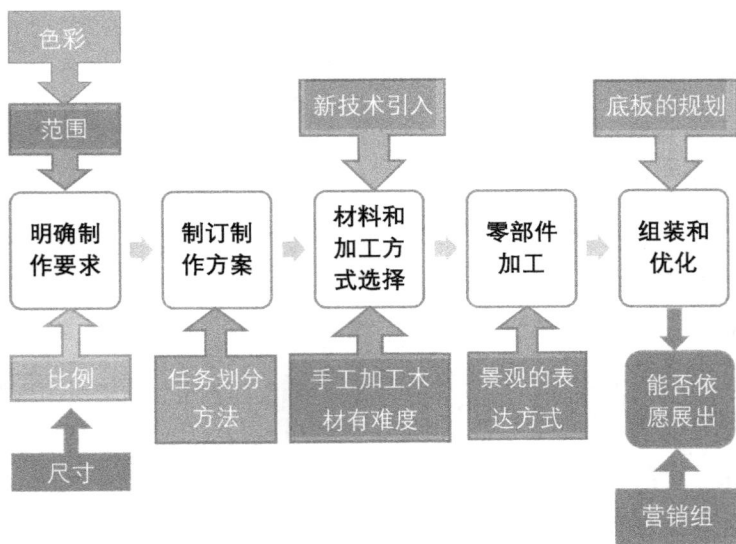

图 2　基于常见木工产品加工流程的优化内容

最终确定的设计、加工、营销流程如下：

图3　校园建筑模型加工流程图

在这个过程中，学生知道了产品设计、加工、营销流程的复杂性，对整个产品的生产劳动全过程有了整体认识，也对产品经理这个职业有了初步了解，对工业产品的生产过程的来龙去脉有了初步了解，在感受到生产的复杂性后，初步感知一个工业产品的来之不易。

（二）在设计和加工过程中提高劳动能力

劳动课程是培养实践创新素养的重要阵地，包括劳动意识、问题解决、技术应用等。在设计和加工过程中要创设问题情境，鼓励学生在其中探索、整合已有知识，积极解决问题，提高实践创新素养，从而提高劳动能力。

1.测量环节

校园内的建筑很多，这些建筑的尺寸需要准确获得，以确定后期的制作方案。那么使用什么工具，测量什么，用什么方法呢？当老师只能够提供直尺时，学生被难倒了，探索热情也被激发起来了，在这个过程中学生从工具的选择到测量内容的确定和测量方法的设计都要亲力亲为，学生已经在不自觉地学习新工具，创新使用新方法。

①学生用手机下载App（应用软件）进行测量

图4　常见测距App图示

②学生使用激光测距仪进行测量

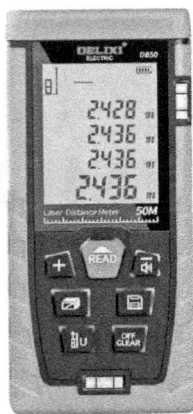

图5　激光测距机

③学生用数学的方法进行测量。

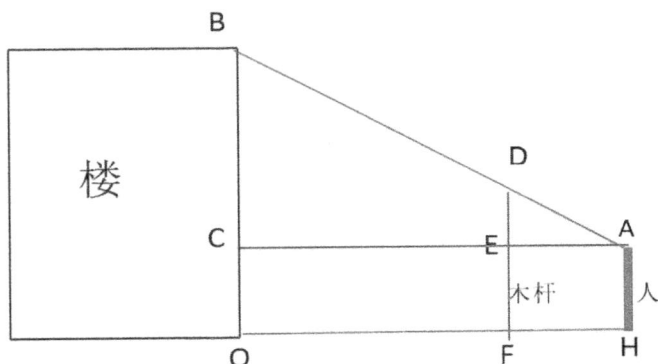

图6　基于数学方法进行楼高测量的图示

2. 测量数据表达

测量后要进行测量数据的表达，学生会主动使用绘图的方法进行表达，数据的描述也会将长度单位进行准确描述，在这个过程中，学生已经在不自觉地整合已学过的数学知识，使用工程绘图的方法表达测量数据。

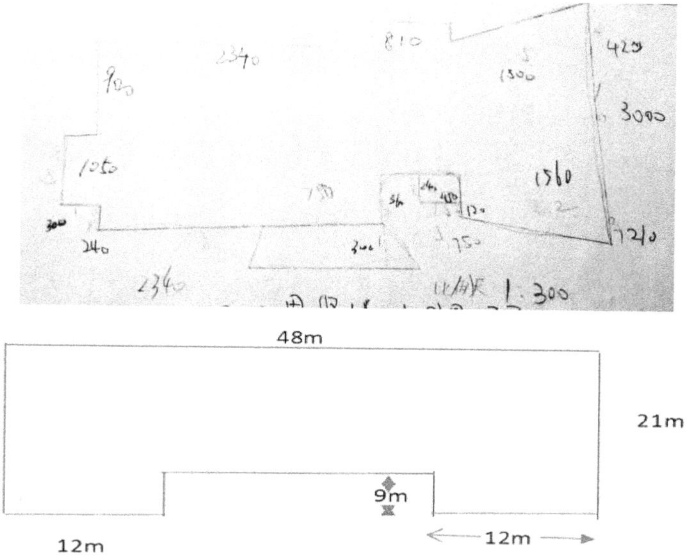

图 7　建筑物底座示意图及尺寸标注

48m

21m

9m

12m　　　　　　　12m

3. 核对数据

为了确保学生测量数据的精准性，我们从学校借到了图纸，教给学生阅读图纸的方法，以修正测量数据，保障模型的相似度。

幢号	总建筑面积	层数		檐口高度
		地上	地下	
46幢	116.11m²	01	00	2.80
47幢	667.65m²	02	01	5.60
48幢	4236.59m²	04	01	11.20
49幢	53.57m²	01	00	2.80
50幢	13841.75m²	07	01	19.60
51幢	8591.49m²	05	00	14.00

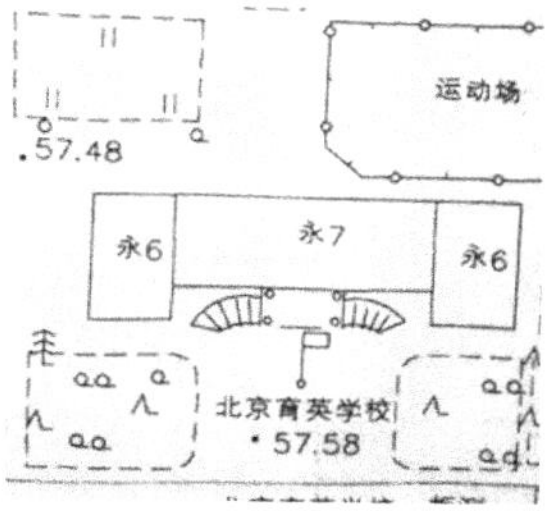

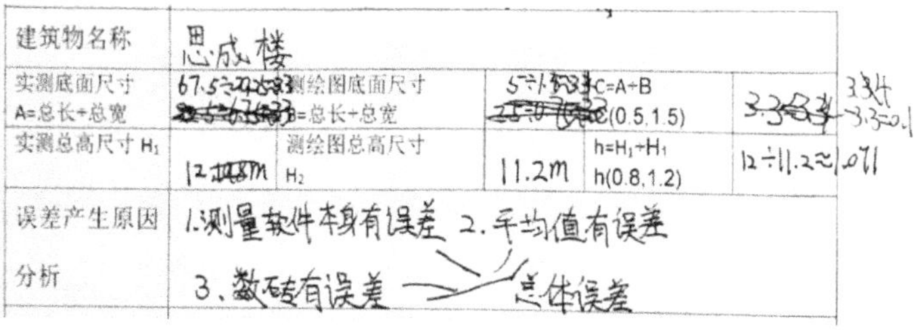

建筑物名称	思成楼				
实测底面尺寸 A=总长+总宽	67.5+72.5	测绘图底面尺寸 B=总长+总宽	51+53	C=A+B	
实测总高尺寸 H1	12.1m	测绘图总高尺寸 H2	11.2m	h=H1+H2 h(0.8 1.2)	
误差产生原因 分析	1.测量软件本身有误差　2.平均值有误差 3.数据有误差　　　　　总体误差				

图 8　测量数据与测绘数据的比较

4. 模型设计

设计阶段要经历做纸模型和拆纸模型的过程。做纸模型是为了保障后期木材的建筑模型的准确性而定的，而拆纸模型的目的是为了获得未来木板模型的零部件图和零部件尺寸，这个过程降低了设计的难度。学生在做和拆的过程中得到了锻炼。

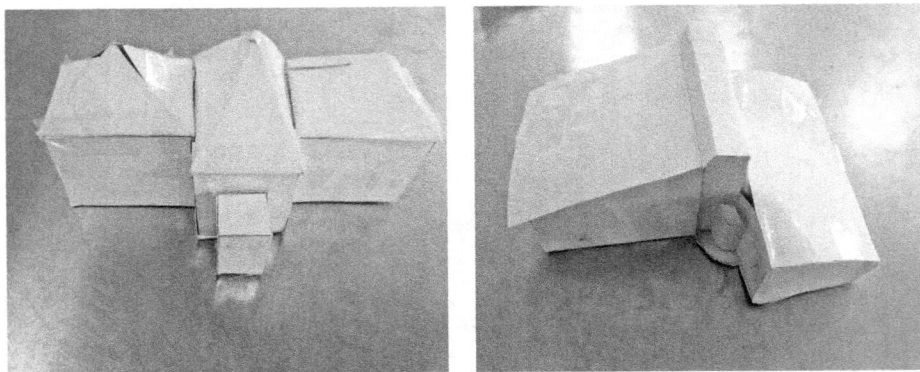

图9　建筑纸模型

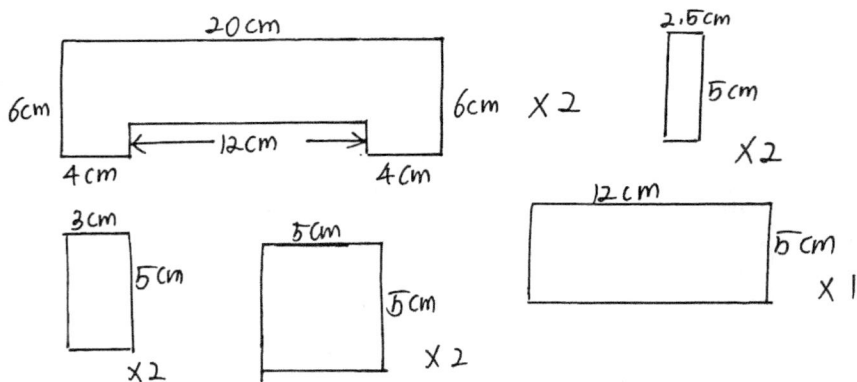

图10　模型零部件图及尺寸标注

5. 数字加工图纸的绘制

借助数字加工技术将手绘的图形转化为电子图纸，这个过程又是一个学习的过程，老师只提供基本命令的学习，大部分工作都需要学生自己进行探索。学生的创意设计和实践能力在开放的教学中被激发。

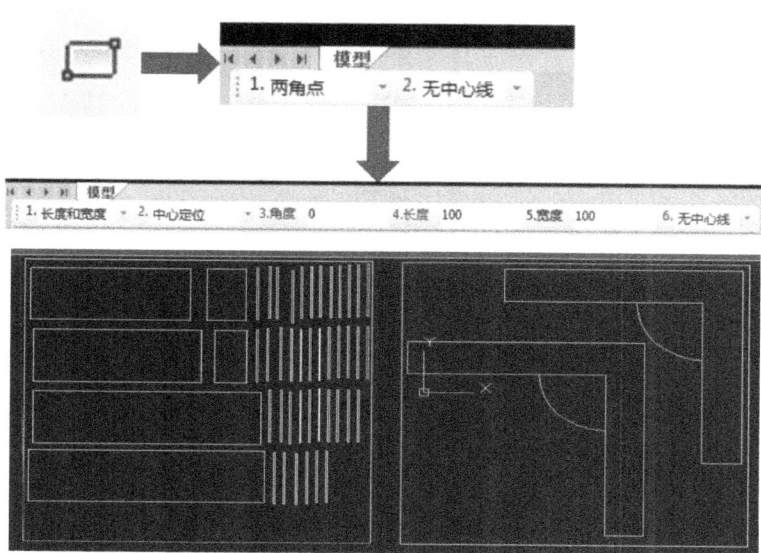

图 11 基于数字绘图软件的模型零部件图

6. 模型加工

零部件的加工过程引入了激光切割技术，学生经历观摩加工方法、设备加工方法培训、加工实际操作和组装的过程完成模型的加工。在这个过程中，新技术的引用提高了加工效率和作品质量，新技术的学习提高了学生的产品加工能力。

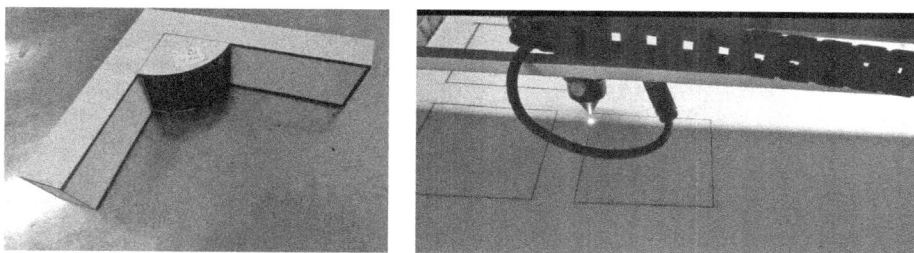

图 12 激光切割机加工过程及组装后的模型

（三）在产品营销方案的预演过程中提升劳动素养

产品需要物尽其用，制作完的建筑模型应该如设计初心一样找到合适的展示地点进行展示。学生要模拟产品经理的工作，如制订营销方案，并进行分组预演，这是整个产品加工全流程的回顾，更是我们提升劳动教育的育人价值的关键环节，在这个环节中学生要考虑很多因素，要反思很多过程，这时我们作为老师要放手，不能包办代替，只有这样才能够真正地提升学生的劳动素养。

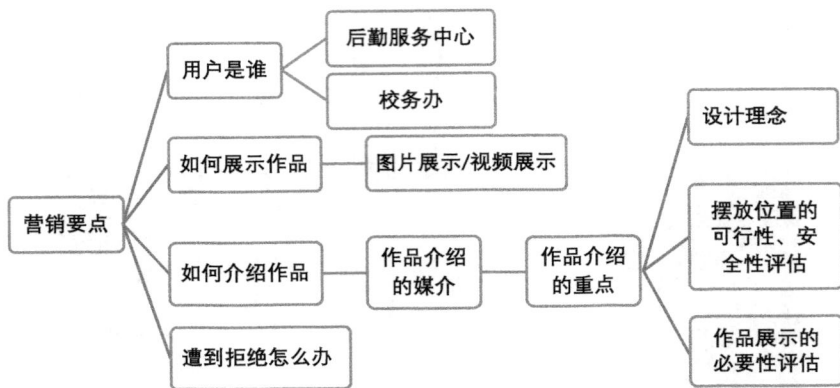

图13　建筑模型营销流程

四、课程实施效果

运用教学一致性的评价提升劳动素养，评价的目的是为了更好地提升劳动教育的价值，那么评价应该贯穿整个劳动活动的全过程，评价内容应该不局限于劳动成果，还要对劳动习惯（如实践活动后主动收拾工具、摆放桌椅）、劳动观念（参与实践活动的积极性、态度）、劳动精神（积极投入到劳动实践中）等进行评价。但是对于产品加工流程的掌握程度、对劳动成果爱惜的情感、对劳动者的劳动经历的同理心等，这些不容易评价，需要经过多项劳动活动的迭代实践才可以实现。如在校园里挖掘待解决的生产劳动的问题，以此作为课程内容。课程实施过程中教师应尽可能放手，依靠学生独立完成，最终作品在校园展示。这个课程实施的过程是一个无声的爱校教育，是一种无声的教育情感的传递，学生在项目实施中自然流露出的责任与担当是传统劳技课程无法比拟的，也凸显了基于劳动课程端正劳动观念、培养劳动精神重要性；校园是学生学习和生活的重要场所，校园里不仅仅有各种建筑，还有很多人和物，这些都是劳动实践的保障，教师作为校园中的一个成员，作为劳动教育的主体，要积极挖掘校园中的育人资源并开发成课程。

作者：李玮琳（北京市育英学校）

案例分析

中小学劳动教育资源的开发和应用需要着眼于落实《义务教育劳动课程标准（2022年版）》。教师在中小学劳动教育资源的开发及应用中起着重要的作用。教师不仅是劳动知识的传递者，也是学生劳动技能的培养者，更是正确劳动价值观的引导者和社会的连接者，通过教师的引导和示范，学生可以更好地理解劳动的意义和价值所在。在本案例中，教师开发和应用劳动教育资源主要从以下几个方面入手：

1. 教师资源。很多劳动教师有着丰富的教学经历和阅历，而且善于学习。如何挖掘教师的教育经验资源，为劳动教育服务，需要劳动教师善于审视自己的经历和阅历，发挥自己的专业特长优势。在本案例"校园模型的设计与制作"中，可以看到作者充分发挥了自己原有的专业优势，善用数据测量和表达、模型制作、数字加工图纸的绘制、模型加工等等开展劳动教育。可以看到，这个案例综合运用了三个任务群：任务群7"工业生产劳动"、任务群8"新技术体验与运用"、任务群9"现代服务业劳动"，经历了"设计—制作—营销使用"三个环节。

2. 文化资源。劳动教育涉及三大类劳动内容十个任务群，内容广博，面对新技术的冲击，如何发挥劳动教育的综合育人功能，需要教师不断学习，把前沿的劳动文化资源应用到劳动教育实践活动中。在本案例中，作者充分发挥教研组长的作用，组织同组教师学习《青少年建筑模型制作》，并将其相关知识运用到劳动教育活动实践中。如，注重培育学生科学的思维方式，采用模式化、流程化的工作方式，促进模拟生产劳动高效完成。

3. 学生资源。学生经验是宝贵的学习资源，充分挖掘和应用学生经验，可以更好地促进学校劳动教育的开展。在本案例"校园模型的设计与制作"中，教师从学生疑问入手，"每年，我校初一年级的学生就要接受入校教育——参观校史馆。这里有20世纪90年代学校改造工程开始前的老校舍的模型，初一年级的学生们在参观了校史馆后就产生了一些疑问。例如，为什么校史馆里摆放了老校园的模型？为什么不能够摆放现在校园的'新'校园模型？如果可以摆放，那放在哪里合适？我们能做出'新'校园模型吗？制作'新'校园模型需要做哪些工作呢？"此外，教师还从学生已有的学习经历入手，学生在项目实施前曾经经历了基于木工技术的"垫板的设计与制作"和基于激光切割技术的"八音盒的设计与制作"这两个项目，具有了木工加工和新技术加工的本领，作为开发"校园模型的设计与制作"这一课程的资源。

4.学校建筑资源。学校的人力、物力、场地等都是学校的劳动教育资源，通过合理开发应用这些资源，可以更好地为学校劳动教育服务。在本案例"校园模型的设计与制作"中，教师充分挖掘和应用学校的建筑资源，让学生设计、制作成品，营销校园模型。学生经历了完整的劳动教育全过程，在劳动中感知"劳动创造价值，劳动创造幸福"。此外，还提高了劳动能力，促进学生劳动素养的提升。

创造性劳动意识的培养

学会创造性劳动是劳动教育的最高境界。会劳动，需要学生掌握相应的劳动知识和劳动技能，使用相应的劳动工具，完成相应的劳动任务；爱劳动，则需要学生融入劳动情感和劳动观念；学会创造性劳动，不仅需要学生掌握劳动知识、劳动技能，而且需要学生有劳动热情、正确的劳动观念，还要有执着、坚忍不拔的劳动精神。创造性劳动指的是通过人的脑力劳动萌发新技术、新知识、新思维，从而提升劳动效率，产生出超值社会财富或成果的劳动。中小学学生学会创造性劳动，这是一个系统工程，需要校家社协同，更需要提供适合适宜的环境和氛围。作为教师，如何通过项目设计，培养学生学会创造性劳动，可以从以下几个方面入手。

一、依托载体，制订清晰可执行的目标

现代生产劳动，离不开新技术的运用。在中小学开展劳动教育，让学生体验真实的劳动，可以依托相应的载体，制订切实可行的目标，让学生体验和应用新技术，感知其给人们生活带来的便利。通常目标的制订，需要教师考虑以下几个要素：

1.教师拥有哪些课程资源，包括教师自身、学校、社区等能提供什么保障。

2.要结合学生年龄特点，依据《义务教育劳动课程标准（2022 年版）》相应任务群的素养表现要求，制定校本化的学习目标。

3.对要落实和推进的相应任务群项目有深入的了解，只有这样，才能因地

制宜设计契合学生发展需要的劳动教育项目。

二、融入信息技术，设计劳动内容

随着科技的发展，信息技术早已融入社会的方方面面。如何运用信息技术为教育服务，为社会服务，需要教师结合自己的专业特长和兴趣爱好，紧扣学生生活实际，设计具有挑战性的劳动项目。"信息技术＋劳动教育"，在跨学科融合中可提升学生的劳动素养，同时也可增强学生的信息技术能力。

三、在劳动实践中提升学生的劳动能力

学生需要在真实的劳动世界中开展劳动实践，这样才能在实践中发现问题、探究问题、解决问题。对于新技术的体验和运用，一般可以采用这样的方法和步骤：深度了解—设计制作—实践操作—迁移运用，这是劳动教育的教学基本环节。劳动的目的是为自己、为他人、为社会服务，劳动实践操作后，需要教师引导学生不断反思自我、审视自我，提升自己的劳动能力，而学会创造性劳动最为重要。

四、学习掌握基本思想，让学生迁移使用知识和技术

万事万物相通，能迁移使用的知识和技术才是真正的学习。基本思想往往具有普遍性和基础性，可以为解决各种问题提供指导。而迁移使用指的是把已经学会和掌握的基本知识和基本能力运用到不同的情境、问题或领域中。在迁移中，会促使个人不断思考、不断调整，以适应新环境的需要。

五、课程开发及应用注意事项

1.针对任务群"新技术体验与应用"，课程群的开发及应用需要关注学生的真实生活，与学生生活密切相关，并能运用到生活中，让学生切身体会创造

性劳动给生活带来的便利。

2.如果学校不具备这类课程的开发及使用条件，可以借助外部师资和教育资源完成，教师要做好助教工作，为主讲教师提供便利和支持。

典型案例

利用北斗绘制校园地图

一、课程开发背景

"利用北斗绘制校园地图"劳动课程融合了"工业生产劳动""新技术体验与应用"及"现代服务业劳动"三个任务群，综合性较强，主要面向本校8年级的学生开设。课程旨在帮助学生了解北斗卫星导航系统的重要意义、学习北斗定位模块的基本工作原理、制作经纬仪，并绘制完成一幅校园平面地图，从而理解劳动创造美好生活的道理，树立勇于创新、乐于奉献的劳动精神。"利用北斗绘制校园地图"课程共设置了"北斗前沿应用""编程初体验""制作北斗经纬仪""绘制校园地图"四个任务。学校地处航天城，学生对航天充满了浓厚的兴趣。"利用北斗绘制校园地图"课程以北斗导航系统为背景，内容真实、贴合学生实际生活且具有一定的探究性，能够很好地激发学生的劳动兴趣。在内容设置上，该课程综合了数学、物理、地理、美术、信息技术等多学科知识，在难度设置上逐层递进，实践性强。

二、课程目标

1.通过对我国北斗卫星导航系统基础知识及前沿应用的学习，了解我国北斗定位导航系统的功能及特色，认识到北斗导航系统对我国的重要意义，理解劳动创造美好生活的道理、认识劳动对国家富强的重要意义。

2.经历编程实现控制交通信号灯的过程，掌握 Arduino UNO 开发的一般流程及图形化编程方法，养成安全、规范地进行生产劳动的良好习惯，感受新技术在生产、生活中发挥的重要作用。

3.经历北斗经纬仪的制作过程，了解北斗定位模块 PRO、软件串口的开发方法，掌握利用北斗定位模块进行经纬度检测的方法及三维建模方法，能够综合运用劳动技能解决问题,提高创造性劳动能力,培养勇于创新的劳动精神。

4.经历利用北斗经纬仪测量校园经纬度并绘制电子地图的过程,掌握数据处理的一般方法,提高持续参加劳动的积极性,培养在劳动过程中持之以恒、认真负责、吃苦耐劳的劳动品质。

三、课程主要内容

"利用北斗绘制校园地图"劳动项目,以项目式学习方式开展,围绕"劳动创造美好生活"这一核心大概念,以"利用北斗定位,绘制校园电子地图"这一核心任务为牵引,划分为北斗前沿应用、编程初体验、制作北斗经纬仪和绘制校园地图四个子任务、八个课时,四个子任务难度逐层递进。具体的项目内容安排如下图所示。

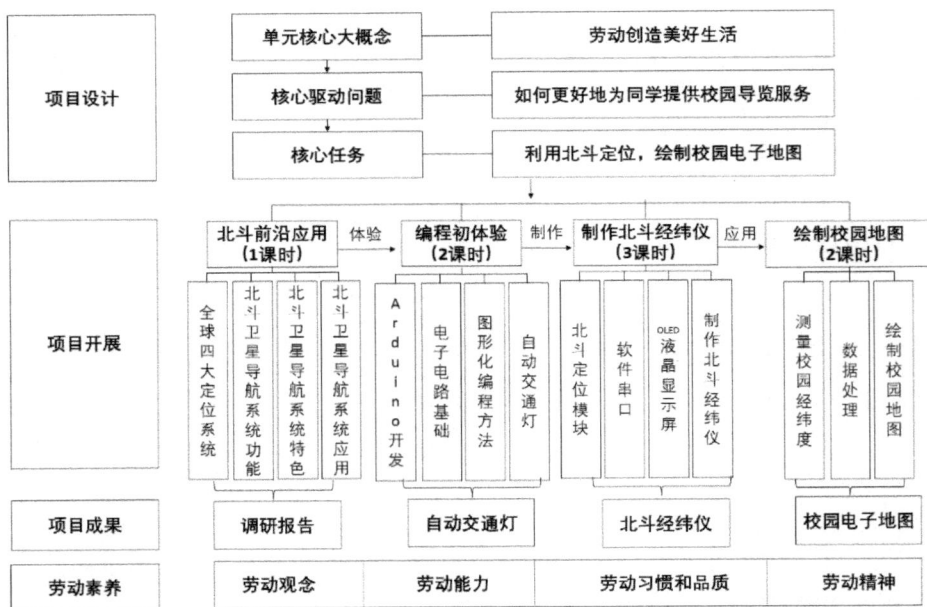

图1 "利用北斗绘制校园地图"项目设计

四、课程实施要点

1.科学设计劳动项目,激发学生内驱力

以学生对航天浓厚的兴趣为契机,以如何帮助学生更好地熟悉校园为导向,确定"利用北斗绘制校园地图"项目问题情境真实、难度适中,且项目成果是看得见摸得着的、实用且美好的,贴合学生实际生活且具有一定的探究性，能够很好地激发学生的劳动兴趣。

2.以核心任务为导向，切实落实劳动素养

该项目围绕"劳动创造美好生活"这一核心大概念，以"利用北斗定位，绘制校园电子地图"这一核心任务为牵引，划分为北斗前沿应用、编程初体验、制作北斗经纬仪和北斗绘制校园地图四个子任务、八个课时，四个子任务难度逐层递进。

3.鼓励小组合作探究，学会合作与欣赏

在制作北斗经纬仪及绘制校园地图过程中，鼓励学生以2—3人为一组的形式开展，促进学生真正地融入到课堂学习中，通过合作、探究的方式解决教师设置的问题，在交流与合作中思维碰撞产生新的想法。通过合作学习，学生不仅知识技能得以提升，还学会倾听他人的想法，形成一定的合作意识，学会欣赏同伴。

4.延伸课堂成果，内化学生创造力

在"利用北斗绘制校园地图"项目中，鼓励学生基于北斗应用开展更多创造性劳动，将课堂成果延伸到课堂之外。通过对课堂内容进行复盘，梳理掌握解决问题的方法，形成带有思考和深度的总结，从而内化成创新思维方式，鼓励学生在课堂之外持续性地去主动思考、主动创造。

五、课程评价

1.过程性评价

（1）关注学生是否在课程实施的过程中始终保持规范操作、保持劳动场所及劳动桌面的整洁度，探查学生对劳动工具和劳动技能的掌握情况以及劳动习惯的养成情。（2）看学生能否说出几点操作过程中应当特别关注的注意事项，探查学生在劳动过程中的安全意识。

2.评价量规

课程评价体系围绕学生劳动素养发展，并促进北斗前沿应用、编程初体验、制作北斗经纬仪、绘制校园地图四个子任务目标的达成为依据。具体评价维度、评价主体以及方式如下。

表1　评价量规

劳动任务	素养水平1	素养水平2	素养水平3	评价主体
任务一：北斗前沿应用	能够了解北斗卫星导航系统的功能、系统特色和前沿应用；能够自主调研北斗卫星导航系统的其他应用场景；能够区分不同场景主要应用了北斗卫星导航系统的哪项功能。	能够了解北斗卫星导航系统的功能、系统特色和前沿应用；能够自主调研北斗卫星导航系统的其他应用场景。	能够初步了解北斗卫星导航系统的功能、系统特色及前沿应用。	学生自评教师评价
任务二：编程初体验	能够独立实现自动交通功能，并能在基础功能上有所创新和改建。	能够独立实现自动交通灯功能。	在老师和同学帮助下能够实现自动交通灯功能。	学生自评教师评价
任务三：制作北斗经纬仪	能搭建电路，实现准确测量经纬度对的功能，并能够利用三维建模设计结构，结构布局合理。	能搭建电路，能够实现准确测量经纬度对的功能，并能够利用三维建模设计结构。	能搭建电路，实现准确测量经纬度对的功能。	学生自评学生互评教师评价
任务四：绘制校园地图	能够测量出校园各个拐点及中间位置的经纬度，绘制出完整、清晰的校园平面图。	能够测量出校园各个拐点位置的经纬度，初步勾勒出校园平面图。	能够测量出校园各个拐点位置的经纬度。	学生自评学生互评教师评价

六、课程实施反思

在课程实施过程中，学生参与度非常高，都能积极参与到课堂活动中，以解决问题为导向，发现问题、解决问题的能力都有所提高。课程实施后，很多学生继续开展了基于北斗定位的项目，创造了"基于北斗卫星和Arduino的老年人电子安全防护装置""融合北斗高精度定位的多元气象数据监测系统"等多项北斗相关作品。

作者：刘文文（人大附中航天城学校）

案例分析

在本案例中，作者结合自己的学科专业优势，以及学生大都有航天背景（学生家长大都从事航天工作），开发了"利用北斗绘制校园地图"课程，该课程经历了四个环节：学习体验—制作—应用—迁移。课程设计体现了四个要素：

1. 设计贴切的目标。针对学生劳动素养的培养，该课程总目标的设置为：（1）理解劳动创造美好生活的道理、认识劳动的意义；（2）养成安全、规范地进行生产劳动的良好习惯，感受新技术在生产、生活中发挥的重要作用；

（3）能够综合运用劳动技能解决问题，提高创造性劳动能力，培养勇于创新的劳动精神；（4）提高持续参加劳动的积极性，培养在劳动过程中持之以恒、认真负责、吃苦耐劳的劳动品质。

2. 融入科技，内容实用前瞻。在科技迅猛发展的今天，选择与学生日常生活密切相关、与科技联结的内容，更容易激发学生的学习兴趣，也更容易赢得家长的支持。在该案例中，围绕"利用北斗绘制校园地图"课程，围绕"劳动创造美好生活"的大概念，以"利用北斗定位，绘制校园电子地图"这一核心任务为牵引，划分为北斗前沿应用、编程初体验、制作北斗经纬仪和绘制校园地图四个子任务，用 8 课时将劳动内容逐层推进，让学生绘制熟悉的校园。在课程实施后，又进行了学习的拓展，学生把学习到的方法运用到实际生活中，在运用中，让学生切身体会服务他人的价值和意义。如：创造了"基于北斗卫星和 Arduino 的老年人电子安全防护装置""融合北斗高精度定位的多元气象数据监测系统"等多项北斗相关作品。

3. 在劳动实践中，注重激发学生的内驱力。内驱力是创造性劳动的重要推动力，在实施中注重激发学生的内驱力，可以提升学生在劳动中的主动性、创新性和持续性。面对真实的生活世界，劳动教育具有不确定性的特征，教师采用多种方式，不仅可以提升学生的综合能力，而且可以激发学生的内驱力，比如，在实施中，通过小组合作，可以使学生相互学习，相互欣赏，共同完成具有挑战性的任务；注重学以致用，让学生所学看得见，摸得着；设置科学合理的评价，让评价成为激发学生创造性劳动的重要方式。

4. 注重知识的再迁移再使用。在本案例中，"制作北斗经纬仪及绘制校园地图过程中，鼓励学生以 2—3 人为一组"的学习方式，"课程实施后，很多学生继续开展了基于北斗定位的项目，创造了'基于北斗卫星和 Arduino 的老年人电子安全防护装置''融合北斗高精度定位的多元气象数据监测系统'等多项北斗相关作品"，可以说这门课成功做到了让学生学以致用，课堂内外进行有机链接。此外，针对四个子任务，教师还设置了相应的学习内容、素养达成目标。

设计"贴近生活"的课程

"劳动创造美好生活""劳动最光荣、劳动最崇高、劳动最伟大、劳动最美丽"这些劳动观念，如何让学生有切身体会并践行，需要教师在日常劳动教育中找到贴近学生生活实际的素材，从点滴入手，设计贴近学生生活实际的劳动课程，激发学生的创新思维和创造力。

一、设计"贴近生活"课程的意义

"现代服务业劳动"与人们的生活密切相关，"贴近生活"课程的设计与实施旨在培养学生公共服务意识，学会与他人协同劳动，形成"劳动创造美好生活"的责任感。设计"贴近生活"课程的意义主要体现在以下几个方面：

1. 激发学生劳动的兴趣。与学生生活密切相关的劳动课程，会激发学生的好奇心、探知欲，能激发学生调动已有的知识和经验，做到学以致用、用以促学。

2. 增强学生的综合能力。在劳动实践中，从组织团队到策划、实施、评估等，每一个环节都需要学生团结协作，共同完成，对学生的劳动知识和劳动技能都会有所要求。学生在"贴近生活"的劳动实践中，能不断增强劳动能力，进而提升综合素养。

3. 增强学生的社会责任感。"现代服务业劳动"，需要学生首先学会服务好自我，然后是服务他人、服务社会，在服务中增长学生的知识和本领。

4. 促进知识的整合与迁移。劳动世界是丰富多彩的，生活中的问题往往复杂多样，靠单一的知识难以解决，需要学生调动已有的知识储备，甚至需要学生借助外部的支持，进行知识的迁移与整合，才能解决面对的难题。

二、设计"贴近生活"的课程

课程设计贴近学生生活，更易于达成劳动目标。青少年学生对于外部世界具有强烈的探知欲和好奇心。因此，围绕"现代服务业劳动"任务群，教师要善于选择和设计贴近学生生活、符合现代服务业且易于学生开展的劳动实践活动。教师进行课程的校本化设计，可以从以下几个方面入手：

1. 结合学生学习生活场景选题。学生在校园生活，校园的花圃、班级、楼道、操场等均是劳动实践的场地，如何挖掘和应用于服务业劳动，需要教师精心设计课程。结合劳动实践拓展相关课程，让学生围绕课程开展研究和实践。

2. 选取学生身边易于获取的资源。学生身边有很多易于获取的劳动资源，教师可以引导学生围绕身边易于获取的资源，开展劳动实践。如：如何缓解校门口的交通堵塞问题？需要学生开展调查研究，运用语文、数学、美术等学科知识，完成疏解校门口交通的难题。

3. 选择生活实践类课程。"现代服务业劳动"任务群，需要通过相应的课程载体，才能达成服务他人、服务社会的目的。教师可以依据学生的身心特点，设计一些易于开展的生活实践类课程，如：逢年过节，给社区劳动者送"福"字；开展"减少垃圾，志愿环保"活动等。

4. 采用学生喜欢的评价方式。针对"现代服务业劳动"，可以采取展示性评价和激励性评价等形式记录学生劳动中的表现。展示性评价易于更多的人相互学习，也便于本人收集更多的反馈信息，便于不断反思和改进自己的劳动。激发学生创造性劳动是一项长期工作，也是一项系统工程。中小学劳动教师不仅需要关注学生的个性化需求，培养学生的团队合作能力，而且也需要为学生提供展示劳动成果的平台。

三、"贴近生活"课程设计要注意的事项

1. 以"劳动"学科为主，其他学科为辅。"贴近学生"劳动课程涉及生活中的方方面面，需要学生调动已有的知识储备加以解决。无论什么课程，教师

设计该类课程要以"劳动"学科为主,其他学科为辅,并完成相应的劳动课程目标。

2. 充分应用各种资源为学生服务。"贴近学生"生活课程会涉及各种门类,单靠学校学科教师难以完成相应的劳动教育任务,一方面要鼓励学生寻找身边的教育资源完成相应的劳动任务,另一方面也要吸引更多的专兼职教师为学生服务。

总之,教师设计的服务性劳动课程要与学生现在或未来的生活密切相关,引起和激发学生的兴趣。学生现在的生活离不开吃穿住行等,而未来的生活又与科技密不可分,与学生要从事的职业有着密切的关系。通过服务性劳动课程设计与实施,可让学生感知劳动世界的丰富多彩。

典型案例

班级规划师

一、课程开发背景

"班级规划师"劳动课程,面向6年级学生开设。本课程邀请毕业之际的6年级学生,作为中国人民大学附属中学实验小学"班级规划师",为母校低年级的同学重新规划一间"心中最理想的教室"。

二、课程目标

1. 帮助低年级同学更好地感受校园文化、热爱校园的学习生活。

2. 了解低年级学生真正的心理需求及规划需要,鼓励学生融合所学知识解决生活中的实际问题,提升学生对班级及校园生活的幸福感及归属感,形成正向且积极的具有班级鲜明特色的文化氛围。

三、课程内容

1. 学科关联:"班级规划师"与相关学科课程标准中学业内容的关联如下表所示:

学科	任务	内容要求
综合	问题解决	能在教师的引导下，结合学校、家庭生活中的现象，发现并提出自己感兴趣的问题。能将问题转化为研究小课题，体验课题研究的过程与方法，提出自己的想法，形成对问题的初步解释。
	创意物化	通过动手操作实践，初步掌握手工设计与制作的基本技能；学会运用信息技术，设计并制作有一定创意的数字作品；运用常见、简单的信息技术解决实际问题，服务于学习和生活。
劳动	整理与收纳	初步掌握对物品、居室进行整理、清洁的方法，充分合理地利用家居空间，用劳动和智慧为自己和家人创造舒适的生活环境。
	现代服务业劳动	基于学校文化和师生需要，开展学习用品设计等文化创意服务劳动。初步了解新兴现代服务业的类别、内容及劳动过程与特征。
艺术	设计应用／营造环境	①了解环境设计的定义、类别、要素和方法，领会"人与自然和谐共生"的设计原则。②运用环境设计的知识与原则，对班级、学校或社区公共空间等进行环境考察，撰写调研报告，提出自己的见解。③根据调研中发现的问题，提出改进建议，用手绘或计算机制作等方式绘制草图进行展示与交流。
科学	技术与工程	根据现实的需要设计简单器物、生产物品，完成任务。
信息技术	模型搭建	①借助信息技术完成班级空间的规划及模型的搭建。②设计制作本组的宣传展板。
道德与法治	道德教育	①关心集体，在集体中承担相应的责任，具有集体意识和团队精神。②了解和感受社会生活，主动参与力所能及的服务型劳动，做一个热爱生活、乐于奉献的人，积极服务社会，增强社会责任感。

2. 内容安排："班级规划师"共计 4 课时，具体的内容安排如下：

主题	具体内容	课时数
【子任务 1】分组征集需求	①聚焦核心问题 ②解析相关方法 ③自由划分小组 ④征集学生需求	1
【子任务 2】初步尝试设计	①汇总需求信息 ②明确设计要求 ③讨论设计方案 ④尝试初次设计	1
【子任务 3】整合项目方案	①分组交流分享 ②完善项目方案 ③教师分层指导 ④进行项目测试	1
【子任务 4】项目展示评价	①项目成果发布 ②邀请评委点评 ③反思优化改进 ④教师整体总结	1

在教学过程中，教师会为学生提供"工具"帮助，为学生搭建脚手架，助力完成项目。

四、课程实施要点

1.注重真实的职业体验。在本课程中，教师在空间设计、教室物品规划上都充分考虑到了真实的情境，使学生在参与课程实施的过程中，带来职业体验的可能，以及对于真实社会工程与技术发展的感知。

2.课程创新实践。"班级规划师"课程是根据6年级学生的年龄、兴趣和实际情况所选定的劳动课程，并由学生自主设计课程方案和实施计划。学生在课程实施后进行自我评价和总结，分析课程的优缺点和改进措施，提高自己的劳动能力和综合素质。

3.提升学生综合素养。"班级规划师"属于高参与度的现代服务业劳动。以培养学生的劳动意识和劳动精神，提高学生的综合素质和实际能力，增强学生的自信心为结果导向。

4.采用数创技术赋能展示。在课程最终设计效果呈现上，采用手机户型App与手绘结合的方式，给学生新技术体验。学生在手绘设计中，借助教师提供的立体简易图纸，方便理解教室透视，设计要点表现得更为准确。

五、课程评价

采用"线上评价＋线下投票"的方式。

1.线上部分，授课教师收集各小组设计完成的电子版展板效果图，借助问卷星App的支持，编辑相关评价问题，在线生成问卷，便于授课教师进行设计方案的选择及反馈意见的收集。

2.线下进行投票前，各设计小组进入此次活动的受众群体—本校低年级学生的班级进行宣讲，在同学们充分了解各小组设计方案及理念的基础上，对展示在学校大门口区域的喷绘展板以贴纸的形式完成投票。

六、课程实施反思

采用项目式学习方式，灵活性强、可变性大，会反复出现概念模糊、理念冲突、实施与设计有较大落差等问题。因此教师一定要做到在"做中学"，采取"教学设计—教学实践—反思交流理论嵌入—再设计—再实践—再反思"的行动研究方式，引导学生在不断反思的过程中优化迭代本组的作品。

1.活动前——提前确定项目式学习的评价规则。为了保证后期的评价公正，教师需要提前为学生制订统一的评价标准，并且评价要贯穿于活动的始终。

2. 活动进行中——在实施较长周期的任务时，需要学生有更高的专注度、浓厚的兴趣，因此，教师要注意及时观察学生学习进度和小组情况，做好引导者的角色，在学生遇到困难时给予有针对性的帮助，并根据学生的实际情况调整指导策略。

3. 活动结束——复盘本次活动，思考实施过程中有哪些不足？有哪些可以改正的地方？并把自己反思的结果进行总结，以便后续的迁移与应用。

作者：李梓鸥、宋威辰、张晓瑜、石淑芳、曹冰弦、王海燕

（中国人民大学附属中学实验小学）

案例分析

陶行知先生说"教育即生活"，教师设计的课程内容与学生生活密切相关，更容易唤起学生已有的生活经验，吸引学生的注意力和兴趣，同时也有益于贯彻和落实《义务教育劳动课程标准（2022年版）》精神。"班级规划师"案例，其内容与学生校园生活密切相关，涵盖了"现代服务业劳动""新技术体验与应用""整理与收纳"三个任务群，易于激发学生创造性劳动。该案例有以下特点：

1. 培养学生的服务意识。"三人行，必有我师"，在学生临毕业之际这一特定时间，让6年级学生充当"小老师"角色，"大手牵小手"服务小同学，传递关爱，传递服务他人的劳动精神。在劳动实践中，注重培养学生问题意识，这有助于发展学生批判性思维，提升学生解决问题的能力以及培养终身学习的习惯。

2. 面对真实的生活。（1）与学生生活世界密切相关。在真实的生活世界，学生会遇到各种问题，这些问题的发现和提出，有助于学生将书本知识与现实生活联系起来，有助于学生把课堂所学与校外实践联系起来。学生问题意识的培养首先需要教师为学生营造宽松的氛围和环境，其次是在教学设计上，以项目或者任务为驱动，通过小组合作的方式推进活动。本案例围绕活动主题"班级规划师"，教师设计了4个子任务，这些任务模拟真实的情景，从问题或需

求出发，进行设计，找到解决对策，加以实施，进行评估验证。（2）注重培养学生用户意识。用户意识是服务意识的一种体现，培养学生拥有用户意识，需要学生具备理解和识别用户意识的知识和能力，以及设计、创建和提供满足需求的产品和服务。用户意识的培养需要学生具有问题意识，学会通过调研等方式甄别用户的"真"问题、"真"需求，针对问题、需求，提出合理化建议和举措。在本案例中，教师从学生真实的生活场景入手，鼓励和倡导学生"在教师的引导下，结合学校、家庭生活中的现象，发现并提出自己感兴趣的问题。能将问题转化为研究小课题，体验课题研究的过程与方法，提出自己的想法，形成对问题的初步解释。"形成了相应的行动策略：提出问题—找到合理化建议和举措—付诸实施—评估验证，促使学生形成了闭环学习和劳动方式。（3）注重培养学生学会使用新技术。新技术已经与人类生活息息相关，新技术的发明和诞生是人类创造性劳动的结果，需要教师精心设计，促使学生学会使用新技术，为学校劳动教育赋能。《义务教育劳动课程标准（2022年版）》第三学段（5—6年级）"新技术体验与应用"任务群提出素养表现"掌握某项新技术的使用方法。能根据需要，应用某项新技术制作简单的产品模型或原型。初步具有亲近新技术的情感和使用新技术进行劳动的意愿，具有进行创造性劳动的热情。"

3. 运用信息技术为劳动教育赋能。本案例"班级规划师"，教师引导学生采用电脑与手绘结合的方式，进行项目效果呈现。教师为学生提供知户型App（手机家居装修设计软件），通过小组合作，满足学生个性化的设计需要，教室设计作品有各种形态：舒适性、温馨性、整洁性、智能性、文化性等等，学生设计后，教师又通过线上与线下结合的方式，对这些作品进行评价，以此促进学生不断改进设计思想和设计技术，极大地激发了学生创造性劳动的热情。

设计问题解决方案

"根据所参与现代服务业劳动的特征与过程，开展符合相应要求的劳动。在劳动过程中主动发现有价值的问题，并设计合理的、具有一定创意的问题解决方案。"这是任务群"现代服务业劳动"（7—9年级）的内容要求。其对学生素养表现要求为"能在劳动过程中认真履行职责，养成规范劳动、安全劳动的习惯与品质。进一步增强公共服务意识，形成以自己的劳动创造美好生活的社会责任感。"中小学劳动教师引导学生设计合理、有创意的问题解决方案，可以从以下几个方面入手。

一、培养学生问题意识

"问题是创新的源泉和开始"，中小学劳动教师要着力培养学生的问题意识，可以促使学生学会发现问题、识别问题，找到关键问题和核心问题。面对真实的劳动世界，面对各种不可预测的困难，学生拥有问题意识，这是解决问题的开始。"提出好问题，已经解决了问题的一半"，因此，培养学生的问题意识尤为重要，需要找到合适的劳动载体，合适的劳动载体需要具备以下几个条件：

1. 易于学生开展劳动实践活动，如可以在班级窗台，也可以在学校闲置的空地等场域进行。

2. 劳动实践活动具有一定的挑战性，需要学生自主设计相应的劳动任务，通过团队合作解决问题，达成目标。

3. 劳动内容有趣、有意义，学生通过劳动能感受劳动的快乐和价值所在。

二、找到核心问题

教师可以借助工具识别问题，找到真问题和关键问题，这是解决问题的重要策略，可以极大地提高工作成效。在劳动实践活动中，面对挑战性任务，单靠青少年学生一己之力，难以完成，但依靠集体智慧，可以找到最佳解决方案，常见解决问题的工具有四象限时间管理法、鱼骨刺法、头脑风暴等等。教师组织学生通过小组合作，借助相应的工具，可以形成解决问题的最佳方案。

三、营造宽松、积极向上的氛围

宽松氛围是学生思想迸发的土壤，积极向上的氛围有助于学生之间形成相互学习、相互支持的系统。宽松氛围的营造，需要教师精心设计和建构适合的激励制度与文化。青少年学生对于外部世界的探索充满了好奇，教师设计劳动任务需要契合学生的心理特点，充分发挥学生劳动的积极性、主动性，鼓励学生借助信息技术为完成劳动实践任务赋能。

四、发挥自身的优势

每个人作为独立的个体，都有自己的特长和优势。教师要依据自己的专业、特长和兴趣爱好，发挥优势，引导学生围绕问题，设计创意解决方案，可以更好地培养学生的问题意识和形成解决问题的能力，而这种问题意识和解决问题的能力，对于学生而言，终身受用。

五、复盘验证，持续改进

教师不仅是学生学习的指导者，也是学生学习的引导者。提出适合的问题，引出学生的问题链，激发学生的创新思维，可为设计合理有创意的问题解决方案做铺垫。劳动实践后，教师组织学生进行学习交流，有助于学生相互学习，相互借鉴，为下一个任务的完成奠定基础。

典型案例

超级蘑菇公司

一、课程开发背景

生产劳动教育要让学生体验工农业生产创造物质财富的过程，增强产品质量意识，体会平凡劳动中的伟大。学校创设真实的农业生产情景，可以让学生在真实情境中锻炼自我，磨练意志品质。"超级蘑菇公司"以班级为单位，基于校园的实际生产条件，通过模拟真实的农业生产，农产品开发，设计宣传，营销售卖等完整的农业生产创造物质财富过程，体会科技助力农业、劳动创造财富的意义。

二、学情分析

初一学生积极热情，自主能力较强，但是他们对劳动概念的理解较为简单，仅停留在帮助家长做家务，或是参与班级值日这类简单的家庭劳动和服务性劳动上，对于如何把生物学科知识用于生产实际的理解比较抽象，学生劳动素养有待提升。

三、课程目标

（一）认知目标

1. 体验蘑菇种植过程，在真实的生产性劳动情境下，发现农业生产中的实际问题，自主学习，查阅资料，综合运用多学科知识去解决问题。

2. 将课本知识转化到农业生产过程中，深入理解现代科学的进步与现代化农业生产劳动的关系，重新认识"学习科学"的真正目的是通过理论学习、技术研发促进生产力的发展。

（二）能力目标

1. 在蘑菇栽培过程中，掌握农业、生物学等专业知识。

2. 在农业生产过程中，提升统筹规划、应用反思等方法和能力。

3.在销售环节,提升改进农产品的创新能力;加强小组合作、宣传沟通等社交能力。

(三)情感态度价值观目标

1.形成恪尽职守、辛勤劳动、任劳任怨、有所创新的诚实劳动的态度。在生产劳动中形成安全意识、质量意识、效率意识、团队意识。

2.养成尊重劳动、热爱劳动、享受劳动的情感态度。逐步形成用诚实劳动创造财富、收获幸福、实现美好理想的劳动价值观。

四、课程实施前准备

(一)教师准备

1.教师做好规划,导入会议,设计问题,引导学生思考。

2.物资准备:蘑菇栽培箱、实验设备等。

3.指导学生设计方案,监督实施和落实。

(二)学生准备

1.分小组领取目标,组内讨论方案,组员分工,设计记录表。

2.小组长监督工作落实,并定期汇报。

3.小组内互相评价和反思。

五、课程实施主要过程

1.策划讨论会

以成立班级活动基金为目标,引导学生思考在校园中能通过什么劳动创造财富。学生积极讨论,提出请家长捐款,售卖自己的二手用品等方式。在讨论过程中,教师提问:"创造财富是依靠别人,还是该依靠自己的双手?"学生思考讨论后,教师总结要选择依靠自己的劳动,获得稳定而长久的收益。接下来,向学生介绍生产性劳动的种类,例如植物栽培、蘑菇栽培等。引导学生重点讨论各类农产品在校园中种植来获得财富的成本和收益,进而引发学生思考,如何选择适宜校园情境的农产品进行生产。他们需要通过自我评价知识储备和劳动技能来统筹规划。例如估算人员成本、时间成本,计算利润预期。通过一系列的讨论和修改,最终形成班级"超级蘑菇公司"方案。

表1 超级蘑菇公司组织架构

超级蘑菇公司			
种植栽培部	产品开发部	宣传部	营销部
①设计栽培方案 ②对全体学生进行知识培训和操作训练 ③控制栽培质量	①把控产品质量 ②对蘑菇产品进行包装，储存 ③开发蘑菇农副产品	①设计宣传海报 ②设计蘑菇IP形象 ③投放广告	①开发线下售卖渠道 ②尝试线上订购渠道 ③推广活动

2.蘑菇栽培与质量控制

表2 种植栽培部门总结

种植栽培部	
5月10日	蘑菇种植箱的安置和布置 材料：栽培篮、温度湿度计、榆黄菇、虫草菇菌包。 发现问题：蘑菇栽培篮空隙过大，导致水分蒸发过快。 解决问题：查询资料，蘑菇培养需放置在18℃—25℃的恒温房间内，避免阳光直射，使箱内湿度维持在75%—95%之间。 解决方案：增加锡纸围栏和厨房纸保湿。
5月10—5月27日	蘑菇培养和采收阶段 设计蘑菇栽培记录表。 发现问题：蘑菇生长成熟时间不同，为了保证产量和质量，需要及时采收和保鲜，将这一问题反馈给产品开发部和营销部，共同讨论解决办法。
5月28日	蘑菇采收结束，整理培养箱

表3 蘑菇栽培记录表

	小组	喷水	湿度	温度	榆黄蘑形态	北虫草形态	采收/拍照
周一							
周二							
周三							
周四							
周五							
周六							
周日							
填表说明： ①形态：菌菇的直径 ②采收：采收次数：第一茬或第二茬							

3.蘑菇产品开发与质量控制

产品开发部	
蘑菇鲜品	发现问题：种植栽培部反馈任务，蘑菇采收具有时效性和保鲜需求，需要及时售卖。 解决问题：与营销部、种植栽培部联合，通过采取线上预约、根据预约量集中采收、及时售卖的方式。
蘑菇干品	发现问题：蘑菇产量较低时，不便于以鲜品售卖。 解决问题：利用食品烘干机，制作成蘑菇干品，延长保质期，达到一定产量后，再统一售卖干品。 发现问题：产品风味有损失的同时，产品外形不美观。 解决问题：与宣传部联合，设计限量款包装，增加吸引力。
蘑菇熟制品	通过学校食堂，制作蘑菇酱、炸蘑菇等食物，举办小型的品尝售卖会。

4.蘑菇宣传

宣传部	
蘑菇形象运营IP的开发	发现问题：传统的售卖包装方式，对于追求美观和个性化的学生消费者而言缺乏吸引力。 解决问题：开发蘑菇运营IP，构建IP的背景故事，将蘑菇运营IP和产品特点进行绑定，吸引学生消费者的眼光，将IP印刷到包装袋中，令产品更加美观，促进销量。
蘑菇形象IP周边开发	发现问题：蘑菇产量有限，售卖时间有限，产品售罄后，蘑菇公司没有产品可进一步销售。 解决问题：前期蘑菇形象IP已经初具吸引力，和营销部联合开发IP周边，例如钥匙扣、包装袋、文件夹、扇子等实用日用品，开发新产品，在蘑菇产品售罄后，仍能运营产生效益。

5.蘑菇运营

营销部	
线下售卖和线上售卖	发现问题：线下售卖和学生节活动结束后，该如何延续销售渠道？ 解决问题：在线下售卖和学生节活动中，已经初步摸索出基础的销售对象，同时也扩大了宣传，为后续销售奠定了基础。日常中进行售卖的时间精力有限，开发线上预约，自提和配送提高效率。自提可以让学生消费者体验采摘乐趣，增进购买意向；配送则可以方便师生进行购买。
线上销售与"云养菇"	发现问题：由于未进行批量生产，产品的产量有限，如何吸引师生消费者进一步购买？ 解决问题：对于学生消费者而言，他们对于蘑菇的栽培过程更感兴趣，想要参与其中，种植部已摸索出完整的种植流程，通过销售产品向销售体验转型。采取预约制，先付定金，预定一盒蘑菇，再全程参与栽培或接收蘑菇生长图片，关注定制蘑菇的生长，进行"云养菇"。新的销售渠道进一步提升了蘑菇销售的成功率。

6.汇报与总结

各个部门负责小组，分别汇报了小组的方案和改进过程，集中报告了小组蘑菇公司的生产、运营全部流程，统计最终收益，成立了班级活动基金。小组内进行互评，小组间相互评价，利用班级活动基金购置奖品，对突出小组、突出个人进行表彰和表扬。

六、课程实施反思

通过这次活动，学生在真实的生产劳动中遭遇过生产意外，例如水干了、蘑菇被污染了等各种在实际劳动中会发生的问题。他们发现问题，也感到沮丧和挫败，但是通过小组讨论和一次次的相互鼓励，用自己的知识和智慧去完善栽培方案，用自己的双手解决生产实际的问题，把控质量，最后培育出成熟的蘑菇。他们每天坚持去培养和采收蘑菇，互相监督和提醒，保证了蘑菇的产量和质量，体会到生产劳动的伟大，在设计产品包装和形象时，反复修改审稿，以达到宣传效果。后期通过投放广告，在校园各个活动中宣传和推销，锻炼了自己的社交能力。在开发蘑菇产品时，自己制作，自己品尝，体会到劳动的不易。线上线下的销售渠道开发，也让学生体会到从产品到创造财富不是一蹴而就，而是用心思和勤劳去一步一步地发现问题和解决问题，知识要应用在实际生产劳动中，任何劳动都需要智慧。现在认真学习，储备知识和经验，是为了在将来的真实劳动中灵活应用，进而开创新的劳动模式，创造更大的劳动价值。

通过完整的实际生产劳动模拟运营，线上线下相互结合，学生收获了实际的生产体验和经验。学生在自我认知、自我评价、同学互评中也感受到自己和同伴的共同成长和进步。模拟的情景越真实，学生的成长越是综合立体的，情感态度价值观上的进步也更加深刻。在青春期这样一个学生发展潜力爆发、学生身心变化最剧烈、学生独立意识觉醒的特殊时期，学生可释放的空间也发生了改变。

作者：陈文佳（北京一零一中石油分校）

案例分析

本案例"超级蘑菇公司"涉及"农业生产劳动"、"现代服务业劳动"两个任务群，教师充分发挥自己作为生物教师的专业优势，同时作为班主任的管理优势，开发了这一活动课程。不仅落实生物学科核心素养，而且有力地促进了学生劳动素养的提升，有效地缓解了初中学生的学习压力。这篇案例主要有以下特点：

1. 注意设计问题，引导学生研讨。教师利用班会时间，以成立班级活动基金为目标，引导学生思考问题："在校园中，我们能做些什么来创造财富？"围绕这一开放性问题，引导学生进行发散性思考，对问题进行归因，设计"超级蘑菇公司"的课程方案。

2.创设真实鲜活的劳动场景。在案例中，可以看到教师为学生营造了一个真实的劳动场景，学生按照分工，分配到各个部门：种植栽培部、产品开发部、宣传部、营销部，每一个部门都有明确的工作职责；每一个阶段，学生发现问题，提出解决问题的方案，以确保该环节工作的圆满完成。在这之中，学生感知了劳动的全过程。一到课间，学生就会去观察蘑菇的长势，释放学习的压力。劳动世界由不同的分工组成，相互依存，彼此成就。在这过程中，学生获得的成长也是立体的、多维的。

3.选择合适的劳动载体，发挥教师专业优势。种植蘑菇、养护蘑菇、销售蘑菇，需要较长的时间，也需要相应的专业知识。在本案例中，教师既是班主任，又是生物老师，充分运用了自己的专业特长和岗位开展这一劳动实践活动。

激发学生劳动自主性

劳动世界是丰富多彩的，人作为劳动世界的一分子，是劳动世界的建设者、创造者。学校承担起为社会输送人才的责任和义务，如何培养和激发学生劳动的积极性和主动性、创造性，培养学生的社会责任感，需要中小学教师在构建校本化劳动课程的过程中，为学生创造适宜劳动的情境和劳动内容。中小学教师在开展学生劳动实践活动过程中，如何才能激发学生劳动的自主性，不妨从以下几个方面入手。

一、思想上：激发学生想劳动的兴趣

兴趣是一切活动的源动力。在劳动实践过程中，激发学生想劳动的兴趣，是开展劳动教育的基础和前提。儿童对世界充满好奇，但随着年岁的增长，以及学业压力的增大、社会竞争压力的传导，易导致家长和学生重智、轻劳现象的产生。如何激发学生想劳动的兴趣？这就涉及劳动内容的选择，依据《义务教育劳动课程标准（2022 年版）》三大类劳动内容、十个任务群，教师需要因地制宜地落实劳动实践任务，结合学生对生活的认知，选择与学生生活密切相关的劳动内容进行校本化实践。如：城市学生，可以调查小区老人的生活状况，并给出合理化的建议。了解社区老人的生活状况，就需要学生开展调查研究，需要得到社区的帮助和支持，这些都考查学生的综合能力与综合素养，以及如何与人合作，才能更好地服务他人。此外，学校和社会还需要为学生营造劳动的氛围，形成一种全社会尊重劳动、尊重劳动者、尊重劳动成果的风尚。

二、行动上：激发学生劳动实践的愿望

教师在推进劳动教育实践过程中，要注重激发学生大胆实践、勇于实践的愿望。这种劳动实践的愿望首先是需要学校、家庭和社会共同创设良好的劳动文化氛围。会劳动、爱劳动、喜欢创造性劳动的师生，会受到大家的尊重。其次，劳动实践内容具有适切性和教育性。青少年学生天性中具有好奇心和探究欲，教师设置的劳动教育实践内容要具有一定的适切性，符合学生的身心发展特点，同时具有一定的挑战性，促使学生通过劳动教育实践活动，达成劳动教育目标。再其次，劳动实践内容不是简单的劳动教育，要注重"五育"融合，通过劳动实践，促使学生做到以劳树德，以劳增智，以劳强体，以劳育美，使学生能够全面发展。

三、效果上：激发学生再劳动的热情

通过教师设计的劳动实践活动，学生获得成功的劳动体验，会激发学生再劳动的热情。此外，适切的正向劳动评价，也会激发学生再劳动的热情。针对不同年龄段的学生，可以采用不同的评价方式。在劳动实践的不同阶段，采用不同的评价方式。如过程性评价、终结性评价等等，通过评价可以激发学生再劳动的热情和激情。针对学生劳动成果，还可以采用多主体评价方式，促使学生学会用多视角审视自我，并学习他人的长处。

四、课程开发注意事项

开展此类劳动实践课程，要做到以下几点：

1.关注学生劳动安全，教会学生正确使用劳动工具。

2.课程目标要明确，劳动任务要清晰。

3.掌握调查法。服务他人的前提，要学会了解他人需求。

4.注重培养学生团队合作精神。

5.教师要做好学生劳动实践的引导者和支持者，鼓励学生大胆实践，勇于探索。

6.学校要积极开发和提供一切可以开展劳动实践的活动空间给学生。让学生在劳动实践中学习，在学习中劳动实践，把劳动实践成果用于生活，在生活中进一步检验劳动成效。

典型案例

打造校园"屋顶休闲农场"

一、课程开发背景

北京十一晋元中学是一所新建的学校。学校屋顶是一片空置的场地，我们计划把屋顶打造成屋顶菜园。屋顶菜园作为一个新型的屋顶绿化概念，主张充分利用城市闲置屋顶空间，通过种植瓜果蔬菜等方式，提高屋顶绿化的实用价值。本项目旨在以小组为单位，通过亲自调研、设计、实施，在学校四层屋顶平台打造休闲农场区域，为老师和同学提供休闲、学习的特色活动空间，该项目涉及语文、数学、美术、劳动、综合实践活动等学科。

二、课程时长

2个月

三、授课对象

初一、初二年级学生（自主报名参加学校社团学生）

四、课程目标

1.学会共情，理解人与自然、环境的关系，能够将情感借助空间环境表达出来。

2.学会利用统计、信息工具，处理综合、真实问题的一般方法，发展信息素养。

3.发展团队合作、计划、执行、科学思维能力。

4.培养设计思维、审美表达、情感表达能力。

五、课程实施过程

发布任务：如何将学校的四层楼顶打造成幸福的休闲农场？和你的同伴一起规划屋顶休闲农场空间设计，利用平面图的形式进行绘制。查阅相关元素照片，制作PPT阐释设计理念。与外请专业设计师进行沟通打磨，最终呈现空间设计方案，并进行全校范围的公开演讲，做最终的项目汇报。

评价量规表

评价指标	卓越级（8—10分）	优秀级（5—7分）	基础级（2—4分）
功能性（10分）	最终的设计布局能够充分考虑用户需求，具备丰富的功能区且设计元素多样	最终的设计布局能够满足用户需求，具备必要的功能区和设计元素	最终的设计布局能够满足用户需求，但缺乏更多的设计元素
美观性（10分）	能够充分融入审美元素，给人以独特的美的享受	满足美观性的要求，具备一定的审美元素	美观性欠佳，审美元素不足
合理性（10分）	各部分的设计科学合理，能够高效地应用，具备很好的创意和实际价值	各部分的设计比较科学合理，能够得以应用，具备一定的创意和实际价值	某些部分的设计缺乏科学性和应用性，缺乏创意和实际价值

子课程一：了解客户需求

一、问题情境

由于四层屋顶平台是学校的公共区域，因此需要考虑如何让我们的空间设计方案受到大家的喜欢，同时兼具功能特点，首先需要发展设计思维。

设计思维是一种以人为本的解决复杂问题的创新方法，它利用设计者的理解和方法，将技术可行性、商业策略与用户需求相匹配，从而转化为客户价值和市场机会。了解用户需求的一种简便快捷的方法便是问卷法，研究者用这种控制式的测量对所研究的问题进行度量，从而搜集到可靠的资料。问卷法的主要优点在于标准化和成本低，问卷的设计要求规范化并可计量。

二、学习目标

1. 学会设计、制作调查问卷。

2. 会整理问卷结果、统计结论。

三、驱动性任务

设计面向全校老师、同学的调查问卷，了解大家对于农作物种植的喜好和空间打造的需求。

四、问卷主要问题

1.您对四层屋顶平台有什么使用要求？比如开展项目式学习、课题研究、学科班级活动、团建会议、娱乐等。

2.您希望四层屋顶区域可以实现哪些功能或有哪些创意布置？

3.您是否有兴趣作为后续农场课题的指导老师，适时给我们指点迷津，提供帮助？

4.您觉得屋顶休闲农场叫什么名字比较好？请简述设计理念。

5.如果您成功租到种植土地，是否有条件在一个学期里好好经营它？

6.您最希望在什么时间去使用四层屋顶平台？

7.您希望学校能够组织哪些与农作物相关的活动？

8.您是否有兴趣加入农场运营团队，与我们一起打造校园农场？若有兴趣，请填写班级、姓名，我们会后续与您联系。

子课程二：绘制空间设计图纸

一、问题情境

空间设计者需要学会阅读 CAD 施工图，它是表示通过 AutoCAD 软件将工程项目总体布局，建筑物的外部形状、内部布置、结构构造、内外装修、材料作法以及设备、施工等制作的图样。只有充分了解空间特性，才能进行合理设计。一个好的空间设计需要兼顾实用性与美观性，同时要与身处其中的人发生"关联"，因此，空间设计需要考虑人在其中能够获得的参与感和情感反馈。

二、学习目标

1.学会看 CAD 图纸，发展工程思维。

2.学会长度测量、面积计算的一般方法，发展科学探究能力。

3.能够根据空间布局进行合理规划使用，发展空间领导力。

4.学会划分功能区，理解情感表达与空间设计的关系。

三、驱动性任务

根据老师和同学们的客户需求，将四层平台划分成合适的功能区，为每一部分功能区配上合适的意境阐释语，并绘制所需元素及空间设计的平面图纸。

四、任务成果

"今夜偏知春气暖，虫声新透绿窗纱"——养殖区

"窗前谁种芭蕉树，阴满中庭"——种植区

"一万年太久，只争朝夕"——学习活动分享区

"数株碧柳苍苔地，一丈红蕖绿水池"——景观区

"欲穷千里目，更上一层楼"——观景区

子课程三：综合实践活动课程小讲师

一、问题情境

我们经过前期测量、调研、资料收集，考虑同学们、老师们需求的基础上，多次交流讨论，与设计师对接方案，不断修正，最终得到较为满意的设计方案。在这个过程中，同学们体会了项目实施的过程，收获了团队合作的经验。一个好的方案需要被更多的人知晓和采纳，同时借此推出农场一期种植活动，让更多同学喜欢我们设计的农场，乐于参与后续的农场活动，因此需要推出一期面向全校老师、同学的农场综合实践活动课程。

二、学习目标

1.锻炼活动策划的本领。

2.发展公开演讲、语言表达的能力。

3.培养团队合作的能力。

三、驱动性问题

如何开设一场综合实践活动课程，推广我们的农场及农场活动？

四、合作交流

1.这场综合实践活动课程需要包含哪些流程？

2.是否邀请嘉宾？邀请哪些嘉宾？

3.演讲的内容需要包含哪些维度，以什么逻辑顺序呈现？

4.演讲时如何更好地与观众互动？

5.作为课程，需要让同学们提交什么作业？

五、任务成果

项目汇报包含以下几个方面的内容：1.课题缘由及团队介绍。2.前期考察

及空间设计。3.遇到的问题及对策。4.老师和同学们的声音。5.农场最终的样子。6.我们的收获和感悟。7.春之约——农场一期种植活动。

六、所需资源

设计人员的技术指导、互联网关于屋顶农场的资料、农场装修的素材、问卷星操作方法指导。

作者：张文硕（北京十一晋元中学）

案例分析

该案例具有以下几个特点：

1.充分体现了发挥劳动综合育人功能的作用。发挥学校作为新建学校的优势，开辟屋顶农场，给学生以劳动实践的空间和平台。学生在屋顶设计的过程中，综合运用了多门学科知识，涉及语文、数学、劳动、综合实践活动等。学生需要开展调查研究，了解服务对象的需要，同学的需求是什么，老师的需要是什么，这是服务到位的前提。

2.赋予学生劳动的自主权。学生依据个人的兴趣爱好，自主报名参加"屋顶休闲农场的设计"。在社团活动中，学生可以认识和交往更多的同学，相互学习，共同成长。在社团活动中，学生自己组成团队，自主设计，并向学校外请的设计师请教和学习。

3.学习并掌握服务性劳动的基本工作流程：了解服务对象的需求—团队合作，集体设计—展示设计，寻求反馈—付诸设计模型于真正的劳动实践—实践运用。该案例涉及"农业生产劳动""新技术体验与运用""现代服务业劳动"三个任务群。"打造校园'屋顶休闲农场'"这个案例可以让学生亲身体会劳动世界，每一份劳动都值得被尊重。社会由不同的分工组成，享受他人服务的同时，也应为他人做力所能及的贡献。

4.注重培养学生的表达能力。在该案例中，学生的表达能力不仅是书面表达能力，更重要的是体现在公众面前的语言表达能力。学会活动策划，学会团队合作，学会公开演讲，具有批判性思维能力，对于未来学生走向社会，服务社会，成为具有全球视野的中国人，尤为重要。

家校协同推进劳动教育的策略

　　家校协同推进劳动教育有助于培养学生的综合能力和综合素养。新时代推进中小学劳动教育，要因时因地讲策略，让学生会劳动、爱劳动、学会创造性劳动；让家长支持学生劳动，营造全社会"热爱劳动、尊重劳动、尊重劳动者、尊重劳动成果"的氛围。"了解公益劳动与志愿服务中的调查、准备、组织、实施、反思等环节，在服务性劳动过程中形成发现问题、关注他人需要与服务他人的意识与能力，进一步发展筹划能力。形成积极主动参与学校公共事务管理的劳动态度。体会服务社区的意义，增强公共服务意识，初步形成社会责任感。"这是《义务教育劳动课程标准（2022 年版）》任务群"公益劳动与志愿服务"（5—6 年级）中提出的素养表现要求。为此，家校协同推进中小学劳动教育要讲究策略。

一、内容要"新"

　　学校推进劳动教育，要结合校情、学情，不断创新劳动教育内容。

　　1. 契合社会发展。公益劳动与志愿服务是任何时代都需要的劳动实践活动，随着时代的发展，劳动教育的载体——"劳动内容"会有所变化和不同，劳动内容需要与时俱进，才能与学生产生心理和情感上的共鸣。

　　2. 契合学生兴趣和爱好。由于每一个学生个体存在差异性，生活环境、背景不同，因此其兴趣爱好也存在差异性。劳动教育内容要体现自主性、丰富性、可选择性。自主性指的是能充分体现学生的主体地位，而劳动内容的丰富性和可选择性则是针对学生的个体差异而言的。

二、形式要"活"

学校推进劳动教育，要注重形式的"活"，能吸引学生全身心投入其中，同时赢得家长的支持，以此实现"1+1>2"。家长了解学校教育，不仅可为学校教育提供支持，更重要的是家长可以为学校开展劳动教育实践活动提供外部保障和支持。

形式上的"活"主要体现在以下两个方面：

1. 能体现人的主动性和主体性。人的主动性能最大化地发挥劳动的创造性，而主体性则从尊重人的角度出发，有利于激发学生的内驱力。

2. 相关人员都能参与其中。学生、教师、家长、社区志愿者等都积极参与，这些人以不同的身份、从不同的视角助力学校劳动教育的推进。

三、效果要"佳"

劳动教育效果直接体现劳动教育活动设计和劳动教育活动组织实施情况，劳动教育效果"佳"主要体现在两个方面：

1. 劳动氛围要"热"。劳动氛围"热"主要体现在劳动过程中，劳动氛围需要人、物、声音等的渲染和烘托。劳动氛围的热烈可以带动参与其中的劳动者的积极情绪和投入程度。

2. 劳动成效要"好"。成效好，主要体现在目标的达成上。劳动成效需要有前期设计，无论成功或失败，均对学生是很好的教育。活动结束，及时复盘活动目标是否达到预期，便于后续工作的持续改进和迭代更新。

典型案例

学校里的周末集市

一、课程开发背景

"了解公益劳动与志愿服务中的调查、准备、组织、实施、反思等环节，在服务性劳动过程中形成发现问题、关注他人需要与服务他人的意识与能力，进一步发展筹划能力。形成积极主动参与学校公共事务管理的劳动态度。体会服务社区的意义，增强公共服务意识，初步形成社会责任感。"是课标任务群"公益劳动与志愿服务"（5—6年级）中提出的素养表现要求。北京市海淀外国语实验学校基于学生特点，将劳动教育纳入人才培养全过程，贯通小学各学段，学校1至6年级每班每周一节劳动课，根据各年龄段的不同设计不同的劳动内容。在实施路径上学校多措并举，把劳动教育与学科实践活动有机融合，发挥了劳动的综合育人效能。

二、适用年级

全校学生

三、适用地点

学校操场

四、课程实施主要步骤

1. 策划——发布招募令

学校活动中心牵头，各部门参加，家长和学生代表参与，共同制订了"海外周末集市"活动方案。随之向全校发出了招募令，学生和家长们报名参加。

2. 设计——精心准备

活动前期，每个家庭均制作了色彩鲜艳的宣传海报，精心设计了有趣顺口的促销口号，还有一个个形状各异的广告牌，加上琳琅满目的小商品，摊位被规划得有声有色。摊主以个人和家庭为单位，亲子共同策划，从产品选择、摊位布置、商品售卖，到"流通币"兑换，学生全程参与其中。

3. 交易——认识货币

在交易的过程中，最有特色的就是"海外集市流通币"。在物质越来越丰富的时代，身处市场经济发达的环境里，学生与钱打交道是无法避免的。电子支付功能方便了交易，但对于缺乏现金支付经历的学生来说，需要创造机会在支付和找零中锻炼理性消费和量入为出的能力。"流通币"是海外周末集市唯一的交易币种。1元、2元、5元、10元、20元、50元、100元，原本常见的货币，在电子支付普及的今天，学生对于货币的概念变得越来越模糊，认识金钱反而成了一门"必修课"。而"流通币"不同面值不同颜色的设计，让学生更直观地认识了金钱，在交易过程中，让学生学会做支付计划，提高财务规划能力，体会市场博弈，培养学生金钱管理能力的财商教育，理解"价值"的涵义。

4.收获—从认识"价值"开始

（1）货物的价值

一位摊主爸爸说："'海外周末集市'让孩子有了实际交易的体验。现在到哪儿都要扫码，在这儿我们要用'流通币'交易。孩子第一单的时候，都不太会找零，因为没怎么用过现金，孩子要学习怎么换零钱，怎么找零，现在学会了。摆摊两小时，东西都快卖光了，生意特别火爆。"来自朝阳区的一位摊主妈妈也有同样的感受。"这个活动挺难得的。"她说道，"现在电子支付非常普遍，孩子对金钱没有概念，对自己东西的价值也没有概念。北京市海淀区外国语实验学校创造了一个真实的环境，无论是买卖还是以物换物，让孩子们对'价值'有了基本的认知，对'价值'的概念建立起了雏形。"

（2）社会化价值

学生在一天的活动中充分展示了自己的"社牛"优势，"社恐"同学们也在不断地沟通、交易、游戏中找到了自己的兴奋点。有的小摊主还拓展出了自己新的商业模式，从其他摊位进货，再与自己的商品搭配出售，实现"一加一大于二"，运用自己的智慧开拓了新的领域。在集市交易中，小摊主们意识到，勇于突破自己，展示出最好的状态，去沟通、去交流，可以收获更多。

（3）亲子交流及家校育人价值

劳动技能挑战赛，通关即可兑换小礼物，学生在挑战赛中更加深入地体会到劳动的意义，懂得多劳多得、少劳少得、不劳不得的道理。同时，活动促进了亲子交流及家校沟通。学生在这一过程中通过自己的努力磨炼意志，克服困难，实现美好的愿望，在劳动实践活动中达到"立德树人""五育"并举的课程初衷。学生的成长不只有书本知识的学习。在劳动实践中提升学生的综合素质，在探索中发现学生的潜能，我校助力学生的成长，一直尽可能地创造机会。通过职业体验这一劳动教育新样态，为学生打开更多的窗口和发展可能。

五、课程实施反思

"海外周末集市"是劳动与学科实践的融合、劳动与德育的融合。在活动中，学生有了新的职业体验，从劳动实践中学到了本领，涵养了正确的劳动价值观。

1. 学会责任和担当。从"买家"到"卖家",学生真真切切地体验了一把当"小商家"的苦与乐,虽然"小商家"们收获了金钱,但比这更难能可贵的是精神上的获得。职业的新体验让他们感悟到了劳动的内涵,懂得了感恩。学生发自内心地说道:"我体验了卖东西很不容易,也第一次体会到赚钱的不容易,更从中懂得了爸爸和妈妈赚钱的辛苦,我应该节约用钱,珍惜父母来之不易的劳动成果。"

2. 提升劳动技能,促进全面发展。活动前期,"小商家"们精心制作富有创意的宣传海报;从活动中刚开始的羞涩不敢出声,到嘹亮的吆喝声,此起彼伏的还价声,大家使出浑身解数招揽顾客,甚至还交到了好朋友,培养了他们的组织能力、语言能力、沟通能力、应变能力、社会情绪能力,让孩子收获了自信、快乐,感受到不一样的生动实践课堂,更能体会到劳动创造价值的意义。

3. 家校社联动,培养时代新人。为了在集市中真实感受生活,有一位摊主妈妈在第一时间就报了名,并且带上了孩子的姥姥和姥爷,一起感受集市中买家和卖家的热情,感受热热闹闹的氛围,享受难得的祖孙三代亲子周末时光。还有对母校念念不忘的、毕业多年的"海外"校友,也带上自己的妈妈、闺蜜,把自己在业余时间制作的手串拿出来,和其他小朋友摊主们一起来练摊儿。在活动中,家庭里的每一个成员都参与其中,家庭教育、学校教育和社会教育在无形之中融合在一起,培养孩子热爱劳动的良好习惯,锻炼吃苦耐劳的精神,为人生发展奠定坚实的基础。此活动以家庭为单位,选商品、定价格、挑摊位、搞宣传、揽顾客,"小商家"们和家人一起商量、制订活动内容,不仅锻炼了能力,还能增强亲子关系,让更多的家长与学校教育理念同步,让学生在家、校两个不同的成长环境中受到良好的教育与引导。

让学生真实体会"劳动"之美,就要为学生提供真实丰富的实践素材,"劳育"不能"纸上谈兵",要在真实劳动场景中用自己的双手实现美,用自己的真情呈现美。将劳动教育目标蕴藏在学科课程目标中,"合理融入""有用易用",让学科实践和劳动"双赢",真正实现"1+1＞2"的育人功效,从而培养能够担当民族复兴大任的时代新人。

作者:于学清、侯伟(北京市海淀外国语实验学校)

案例分析

通过该案例"学校里的周末集市",可以看到学校通过创设真实的职业体验"我在海外练个摊儿",着力培养学生的劳动素养。主要体现在以下几点:

1.学生通过"买"与"卖",体验职业,感受劳动的价值和意义所在。每个摊主以个人和家庭为单位,亲子共同策划,从产品选品、摊位布置、商品售卖,到"流通币"兑换,学生全程参与其中。

2.充分发挥相关利益方的主体性和能动性。"学校统筹,学校活动中心牵头,家长和学生代表参与,共同制订了'海外周末集市'活动的方案,随之向全校发出了招募令,招募令一经发布,学生和家长、校友纷纷报名,异常火爆,摊位瞬间就秒没了。"

3.学科实践与劳动教育进行了有机融合,家校社协同进行。在"买"与"卖"中,学生学会使用实体货币,懂得合理规划财务、体谅父母的辛劳、劳动创造美好生活的道理。

本案例"学校里的周末集市"其劳动成效主要体现在以下几个方面:(1)通过职业体验,促使学生学会责任与担当。让学生懂得劳动的内涵,懂得了感恩。(2)培养了学生的组织能力、语言能力、沟通能力、应变能力、社会情绪能力,让孩子收获了自信、快乐,更能体会到劳动创造价值的意义。(3)通过家校协同,培养了学生热爱劳动的良好习惯和锻炼吃苦耐劳的精神。

劳动教育与垃圾分类的有机融合

近年来，我国对于垃圾分类越来越重视。随着经济的发展，人们的生活越来越好，物质消费越来越多，带来的是垃圾产生的问题也越来越多。如何解决垃圾产生的问题，使其变废为宝，产生最小的危害？保护地球，具有生态环保意识，成为很多城市中小学学生的必修课程。垃圾分类看似是环保问题，实则要解决垃圾分类问题，是一项系统工程，涉及科学、环保、生命等相关知识和相关政策的保障和支撑。垃圾分类可以说是劳动教育的重要载体之一，垃圾分类的环保理念落实，需要劳动教育的贯彻落实。

一、劳动教育与垃圾分类有机融合的作用

劳动教育与垃圾分类有机融合的作用主要体现在以下几点：

1. 劳动教育可以通过垃圾分类进一步落实。学生可以在家、在学校、在社区开展垃圾分类的劳动实践，通过劳动实践，践行"公益劳动与志愿服务"的思想与理念。

2. 为学生提供学以致用的机会。垃圾分类属于生态文明教育，需要学生结合语文、科学、地理、道德与法治等学科知识对垃圾分类的意义和作用进行讲解，同时把垃圾分类的知识传播给社区、周围的人，这也就是"公益劳动与志愿服务"。

3. 增强学生的环保意识。通过身体力行地进行垃圾分类，可以增强学生的环保意识，增强社会责任感，"保护地球，人人有责""保护家园，人人有责"。

二、劳动教育与垃圾分类如何有机融合

劳动教育与垃圾分类的有机融合可以通过以下途径：

1. 校本课程资源的开发及应用。其涵盖劳动教育与垃圾分类，通过认识垃圾、科学分类垃圾、垃圾分类效果追踪等劳动实践环节，进行"公益劳动与志愿服务"。

2. 主题实践活动。采用学生喜欢的活动形式，在校园、社区等场所开展垃圾分类实践活动，在劳动实践活动中提升学生的综合素养。

3. 学科融入。在化学、科学、地理、历史等学科中有机融入劳动教育、垃圾分类等知识，促使学生能够运用多学科知识分析垃圾分类问题，树立学生的社会责任感。

4. 家校协作。学校教育离不开家长的支持，垃圾分类需要得到家长的理解与支持。家长的参与与支持垃圾分类，会使垃圾分类效果更好、更彻底。

三、劳动教育与垃圾分类有机融合的注重事项

1. 以项目式教学推进劳动教育与垃圾分类的有机融合。通过垃圾分类，引导学生关注社会、关注国家、关注人类社会的发展。在项目设计上，首先要考虑学生既有的知识和能力水平，能激发学生学习兴趣，内容具有挑战性和可操作性。其次，对学生进行适当分组。教师对学生进行分组需要考虑项目的难易程度、学生性格特点等因素，可以对学生进行同质分组或异质分组。再其次，在项目实施阶段，教师需要引导学生通过自主查阅文献、实地调查、交流研讨等方式完成任务。最后，项目成果验收阶段。教师需要为学生搭建各种展示平台，让学生进行全方位、多视角的展示。可采用自评、互评、他评，也可以采用质性评价和量化评价相结合的方式。

2. 注意个人安全与卫生。开展垃圾分类，首要的是确保学生的安全和个人卫生。如：学生的交通安全、生命安全意识，做好个人卫生防护。在此基础上，引导学生关注科技对垃圾分类的作用，激发学生创造性劳动，引导学生爱

科学、学科学、用科学，并将所学应用于"公益劳动与志愿服务"。

总之，劳动教育与垃圾分类的有机融合，可以提高学生的劳动实践能力，同时也可以提升学生的综合素质，为生态、文明、环保的社会环境和美丽家园做出自己的贡献。

典型案例

垃圾分类记心间，志愿服务我能行

一、课程开发背景

《北京市生活垃圾管理条例》中对生活垃圾分类提出了明确的要求。在"公益劳动与志愿服务"任务群组中组织学生进行垃圾分类实践活动，有利于培养学生的社会责任感。"垃圾分类记心间，志愿服务我能行"是学校自主研发的校本课程之一。在前期劳动实践的基础上，学生掌握了基本的劳动能力，了解了一些劳动知识，知道在劳动实践时要注意安全第一。为了更好地了解学生在垃圾分类志愿服务方面的知识和能力基础，课前对5年级学生进行了前测调查，调查显示："废弃铅笔"应属于可回收垃圾，有59.35%的学生答错；"污染纸张"应属于其他垃圾，有52.85%的学生答错；"用过的湿纸巾"应属于其他垃圾，有39.02%的学生答错。93.5%的学生认为垃圾分类很重要，6.5%的学生认为垃圾分类不重要或者无所谓。调查表明，应该提高学生垃圾分类的知识储备和能力水平，同时拓宽学生参加志愿服务的广度和深度。

二、课程整体思考

公益劳动与志愿服务属于劳动必修课（基础课程）"服务性劳动"课程，主要面向3至9年级学生，5、6年级学生要求参与1—2项公益劳动与志愿服务劳动项目。学校结合新课标要求，围绕劳动素养，将"垃圾分类志愿服务"公益劳动与志愿服务项目之一在5年级上学期实施（见图1）。本单元以"垃圾分类"为主题，通过项目式学习方式，以小组合作的形式让学生在发现问题、提出问题、探究问题、解决问题的过程中，掌握制订计划、调研分析、实践探究、汇报交流等思维方式，提升学生的综合能力。

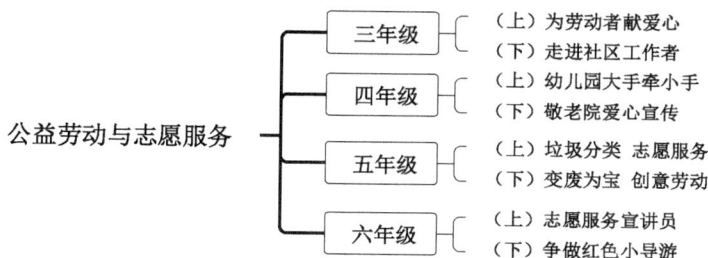

图 1　公益劳动与志愿服务项目群

三、课程目标描述

1.劳动观念：通过参与垃圾分类主题的志愿服务劳动项目，形成主动服务、关心社会、热心公益、热爱自然的意识，在劳动过程中初步形成劳动效率和劳动质量意识。

2.劳动能力：通过经历制订计划、调研分析、实践探究等劳动项目阶段，不断提高劳动能力，并运用已有劳动技能服务他人、服务学校、服务社区。

3.劳动习惯和品质：在劳动过程中吃苦耐劳、克服困难，主动承担力所能及的劳动，在集体劳动中团结协作，养成团结协作、吃苦耐劳、责任担当的品质。

4.劳动精神：经过劳动项目学习的整个过程，初步形成乐于奉献、积极探索、追求创新的劳动精神。

四、课程安排

1.课程对象：5 年级学生。

2.课程时长：4 课时。

第 1 课时：制订计划。根据学生情况进行分工，确定各小组任务主题，围绕前测调研的现实问题，制订解决问题的方案。

第 2 课时：调研分析。指导学生根据任务开展调研活动，通过数据分析，提出问题，分析问题，找到对策。

第 3 课时：实践探究。通过设计制作、宣传推广等劳动实践活动，按既定计划进行实践研究，找到真正能够解决问题的方法和建议。

第 4 课时：汇报交流。各小组通过展示汇报，分享交流各组经验。小组自评和学生互评，教师进行总结评价。

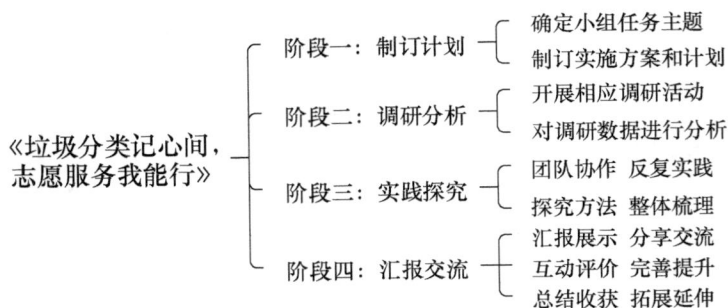

图2　单元整体教学思路

从整体教学思路上看，这是一个立足于学生实际生活和亲身经历的主题活动，以探究式学习和项目式学习的形式，综合运用了信息、美术、数学等学科知识。

3.学习评价：通过填写评价表，能更加深入地引发学生进行自我反思。

表1　劳动项目自我评价表

在项目学习的过程中，是否积极参与了活动，并完成了任务？能根据研究计划，认真参与整个研究过程？通过劳动实践，是否得到了预期的研究成果，解决了问题？请你在下列维度上为自己的表现打分：

评价内容	得★情况
1. 积极参与小组活动，认真进行了调查、分析、实践等研究过程。	
2. 通过劳动实践，提出了建议，解决了问题。	
3. 我能用多种调查方法进行实际调研。	
4. 我通过多种信息来源进行验证，数据分析比较客观。	
5. 我能与队友及时沟通，善于合作，为小组提供有效的建议。	
6. 我能用多种形式，尝试进行劳动成果的展示。	
总的来说，我给自己这次劳动项目收获的打分是：	
聆听同学的汇报，我有了一些思考：	
感受1：	
感受2：	

非常满意：5★　满意：4★　比较满意：3★　一般：2★　有待努力：1★

表2 劳动项目小组互评表

维度	5 ★	4 ★	3 ★
制定计划	1. 能够在组长的带领下合理分工。 2. 制定详实的项目研究方向和计划。	1. 小组分工比较合理。 2. 能制定出比较详细的研究方向和计划。	1. 分工不够明确。 2. 有研究计划，但是不够详细。
调研分析	1. 能够从多角度、采用多种形式展开真实的调研活动。 2. 能够准确的进行数据分析，发现生活实际中真实问题及现状。	1. 能够展开不同方式的调研活动，调研方式单一。 2. 调研数据分析比较准确，接近实际情况	1. 调研方式单一。 2. 调研数据分析不够准确，与实际不符。
实践探究	1. 研究方法丰富、可操作性强。 2. 研究结果能够应用到生活场景，体现解决真实问题的效果。 3. 在实践中积极参与，发扬志愿服务劳动精神。	1. 研究方法比较丰富，有一定的可操作性。 2. 研究结果能基本可服务于实际生活。 3. 能参与一定的实践活动，态度比较端正。	1. 研究方法单一，可操作性不强。 2. 研究结果不能服务于实际生活。 3. 参与实践活动较少，态度不够端正。
汇报展示	1. 能够清晰、完整的展示整个研究成果。 2. 能够采用多种手段和方式展示汇报成果。 3. 小组之间配合默契，汇报流畅，内容丰富。	1. 能够比较清晰的展示整个研究成果。 2. 展示成果的手段和方式比较单一。 3. 小组之间配合比较默契，汇报基本流畅，内容比较丰富。	1. 不能清晰的展示整个研究成果。 2. 汇报成果的手段和方式单一。 3. 小组之间缺乏配合，汇报不够流畅，内容不够丰富。

组号	制定计划	调研分析	实践探究	汇报展示	总计
1					
2					
3					
4					
5					
6					

　　学生通过参照小组互评表，对劳动项目研究过程的四个学习阶段有了更深刻的认识，通过互评交流活动环节，能够提高学生的沟通能力和思辨能力。

五、课程实施反思

1. 教师指导和学生自主学习得到充分体现。学生的学习活动从有限的教室走向了家庭、学校、社区。在教师的指导下，学生自主学习，提升了学习的兴趣，提高了主动学习的能力。

2.多学科融合，发挥劳动教育的综合育人功能。在整个项目式学习过程中，既有学生精准的调研数据分析、文创展示，又有艺术的创意制作，还有科学的编程小游戏，多学科共同融合，有利于提升学生的劳动素养。

3.采用多维评价，落实评价育人。评价方式多元且丰富，学校通过教师、社工、家长等多主体、多形式、多维度对志愿者的服务过程和服务效果进行评价，落实评价育人。

总之，活动初期，由于5年级的学生刚刚进入高年级的学习阶段，对于项目式研究性学习还比较生疏，对于项目式学习的整个过程了解不够。学生组织的调查研究有重合之处，教师应当注意及时引导。有些学生还不够自信，不能落落大方地参与志愿服务，在汇报展示、交流个人感想时，语言不够流畅。应该给学生提供更多展示自己的平台。

作者：田蕾（首都师范大学附属育新学校）

案例分析

本案例"垃圾分类记心间，志愿服务我能行"属于任务群"公益劳动与志愿服务"的内容。生态环境关乎个人、社会、国家、人类的未来命运，在本案例中，教师引导学生关注垃圾分类，开展生态环保教育。引导学生通过志愿实践活动，服务社会。针对这一项目，教师设计了四个阶段：

第一阶段"制订计划"（1课时）。根据学生情况进行分工，确定各小组的任务主题，通过前测调研，确定研究关于垃圾分类的现实问题，制订解决问题的方案、计划，鼓励学生在实际生活中善于观察、发现问题。

第二阶段"调研分析"（1课时）。指导学生根据任务开展查阅文献、调查问卷、实地考察、访谈等形式的调研活动，通过开展数据分析，提出需要解决的真实问题，分析背后的原因，以便研究出更好的解决方法。

第三阶段"实践探究"（1课时）。通过设计制作、宣传推广等劳动实践活动，按既定计划进行实践研究。对垃圾分类的相关领域进行探究，对实践过程进行梳理，对活动获取的数据、方法、经验、结论及活动过程等进行总结，探索真正能够解决问题的方法和建议。

第四阶段"汇报交流"（1课时）。各小组通过展示汇报，分享交流各组的劳动实践过程、积累的宝贵经验以及感受与反思等，以图文、视频、动画等方式展示研究过程。通过参照垃圾分类劳动项目的评价标准，展开小组自评和学生互评，教师进行总结评价。教师通过系列化的设计和实施，增强了学生的公共服务意识，提高了社会责任感。

参考文献

［1］苏霍姆林斯基. 苏霍姆林斯基论劳动教育［M］. 北京：教育科学出版社，2019.

［2］檀传宝. 劳动教育论要［M］. 北京：北京师范大学出版社，2020.

［3］党印. 新时代劳动教育100问［M］. 北京：中国人民大学出版社，2021.

［4］班建武. 新时期劳动教育理论体系建构研究［M］. 杭州：浙江教育出版社，
　　2022.

［5］莫里茨·奥滕立德. 数字工厂［M］. 北京：中国科学技术出版社，2023.

［6］温旭. 数字劳动［M］. 上海：上海人民出版社，2023.

［7］檀传宝. 劳动教育的中介地位初议［J］. 教育研究，1992（9）：46-48.

［8］谷贤林. 美国学校如何开展劳动教育［J］. 人民教育，2018（21）：77-80.

［9］任平，贺阳. 连通学校与现代社会生活的桥梁——德国中小学劳动教育实施路
　　径及启示［J］. 外国中小学教育，2019（8）：28-36.

［10］吴颖惠. 劳动教育的育人价值及实践路径［J］. 基础教育课程，2020（5）：
　　9-14.

［11］卓晴君. 我国中小学劳动教育发展历程概述（下）——改革开放后的历史时期
　　［J］. 基础教育课程，2020（19）：17-28.

［12］潘燕婷，杨再封. 日本中小学劳动教育及其启示［J］. 教学与管理（理论版），
　　2021（6）：120-124.

［13］马福全. 新时代教师劳动教育素养提升路径探析［J］. 教师教育学报，2021，8
　　（6）：60-69.

［14］柳夕浪. 劳动课程如何育人？——教学改革热点问题透视之二［J］. 人民教育，
　　2021（24）：27-29.

［15］何云峰. 以立德树人为目标的新时代劳动教育体系建设之五大任务 [J]. 湖南第一师范学院学报，2022，22（4）：37-42.

［16］杨玲. 浅析新课标中的劳动教育 [J]. 中国教育学刊，2023（S1）：48-50.

［17］檀传宝. 建设高品质的劳动教育文化 [J]. 人民教育，2023（9）：前插1.

［18］张元奎. 苏霍姆林斯基劳动教育思想的价值向度与时代启示 [J]. 教育理论与实践，2024，44（5）：11-14.

［19］张纪元. 中小学劳动教育三问 [N]. 中国教育报，2019-9-25（5）.

［20］李晓东，闫丽红. 高考思想政治试题对劳动教育的考查及其启示——以2020年高考思想政治试题为例 [J]. 中国考试，2020（11）：17-20，26.

［21］熊彬霖，刘钊. 苏霍姆林斯基劳动教育思想对新时代劳动教育的启示 [J]. 湖南第一师范学院学报，2021，21（4）：41-45.

［22］张纪元. 澄清三个误区，推进劳动教育深入开展 [N]. 人民政协报，2021-12-15（10）.

［23］班建武. 劳动与劳动教育的关系辨析及其实践意义 [J]. 广西师范大学学报（哲学社会科学版），2021，57（2）：51-60.

［24］许锋华，陈俊源. 多学科渗透：中小学劳动教育新形态 [J]. 广西师范大学学报（哲学社会科学版），2021，57（2）：102-113.

［25］檀传宝. 何谓新时代劳动教育之"新" [J]. 现代教学，2022（18）：1.

［26］陈超，欧彦麟. 高职院校"一核三阶五维"劳动教育评价体系构建研究 [J]. 教育与职业，2022（20）：102-106.

［27］刘善景. 高职院校劳动教育的评价指标体系构建 [J]. 科学咨询，2023（9）：134-136.

后　记

北京市海淀区中小学劳动教育课题组，从 2019 年 4 月组建团队开始研究至今，已经走过了五年历程。五年来，课题组研究队伍不断壮大。课题组先后对家庭劳动教育、学校劳动教育、劳动教育课程建设、劳动教育基地建设等展开了深入研究，积累了丰富经验，取得了一定的研究成果。

本书汇集了课题组五年来的部分研究成果。课题组针对学校劳动教育中存在的现实问题，先后组织高校专家与中小学教师共同开展研究，先后研究劳动教育时代价值、现实意义和实施路径，重点研究家校社合作开展劳动教育的实践路径。在课题研究过程中，课题组高度关注国内外前沿的劳动教育信息，确保课题研究的前瞻性和领先性。在推进劳动教育过程中，我们始终依据教育部发布的《大中小学劳动教育指导纲要（试行）》精神，坚持问题导向，针对学校实际需要组织开展专题研究。制订了《海淀区中小学学农指导手册》，用以指导和规范劳动教师带领学生到学农基地开展活动时的行为，推行"农业专家＋中小学劳动教师"双导师制，确保劳动教育目标落实。为了使劳动课程区域化、校本化推进和实施，课题组扎根实践，开展了专题研究。研究的过程极其煎熬，几易其稿，如何达到终点，成为很长一段时间萦绕在心间挥之不去的问题。靠着信念支撑，走过最艰难的日子，终于完稿，并通过评审。

过去五年，课题组先后得到很多专家的指导和领导的支持。这些专家主要有北京师范大学檀传宝教授、班建武教授；首都师范大学杨培禾教授、白欣教授；中国教育科学研究院吴安春教授、冯新瑞教授；北京教育科学研究院赵澜波研究员；上海师范大学何云峰教授等。全书由北京市海淀区教育科学研究院吴颖惠院长策划、终审，北京市海淀区教育科学研究院张纪元编辑，孔伟、江虹、宋世云、文军庆、段庆伟等同志参与相关工作，课题组全体教师提供了丰富实践案例，而且参与书稿校对，他们分别是吴琼、张悦、闫慧林、李冬梅、王娟、王艳梅、梁春玲、刘丽娜、果长坤、祁雯、李越、谭丛、宋博、张萌、孙午、刘月明、宋严丽、孟宇、师扬、李玮琳、刘文文、李梓鸥、张晓瑜、陈文佳、张文硕、于学清、田蕾。感谢中国言实出版社的编辑们辛勤付出。

感恩过往，正是有很多领导和专家、老师的支持，才有了本书的定稿、出版。未来，我们将跟随时代的步伐，继续开展劳动教育研究，把劳动的种子植根在每一位学生的心田，为中小学劳动教育的深入开展贡献思想与智慧。